岐阜県
霧ヶ峰
小海線
岡谷JCT
茅野駅
八ヶ岳
甲武信ヶ岳
伊那市駅
駒ヶ岳
千畳敷
カール
JR中央本線
駒ヶ根駅
駒ヶ根IC
仙丈岳
北岳
中央自動車道
JR飯田線
静岡県
信州（長野）

五感で発見した「秘密の信州」

自然写真家
増村征夫

講談社

●上／風花と霧氷・美ヶ原
（本文一八頁、おわりに）
●下／雨氷
●左頁右下／風に舞う表面霜
●左頁左上／雪の華
●左頁左下／霜の華

●右頁右上／セツブンソウ
●右頁右下／フクジュソウ
●右頁左下／ネコヤナギ
●上／春の雪・安曇野
（はじめに、本文五八頁）
●下／マンサク

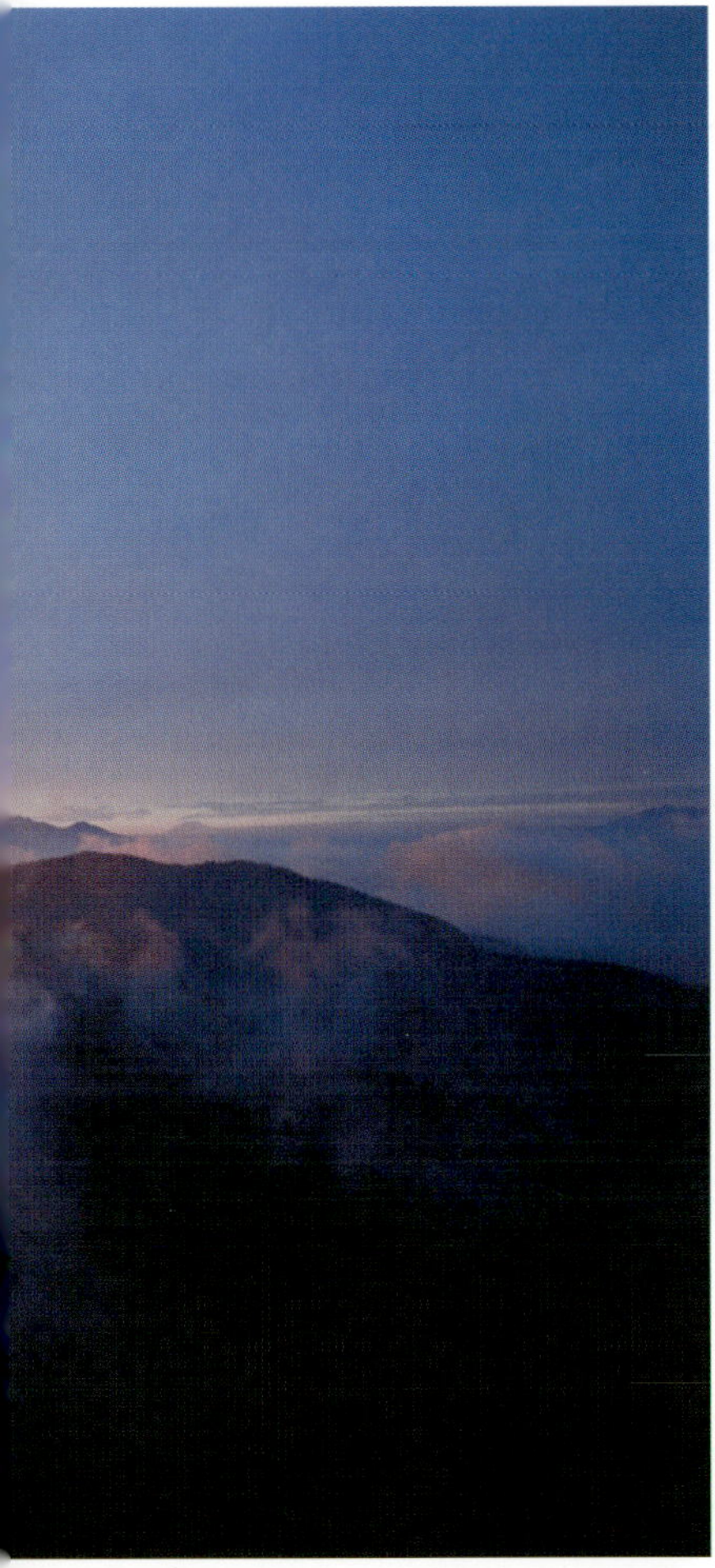

●右上／チングルマの冠毛
●右中／サンカヨウの花
●右下／ツガザクラの古木
●上／美ヶ原の夜明け
（本文八一頁）

●上右／氷の額縁
●上左／ナナカマドの実
●中／安曇野の光芒
●下右／初雪
（本文八七頁）
●下左／つむじ風

はじめに

信州を語る本は、これまで数多く出版され、多くのビューポイントや名所がガイドブックなどでも紹介されてきました。しかし、信州に移り住んで約二七年になりますが、最近になって改めて感じることがあります。それは、これまで本などからの知識として知っていたり、憧れてカメラを手に通っていた時とはまったく別の顔が、そこにはまだ数えきれないほど溢れているということです。

たとえば、風光明媚な観光地です。ポスターや絵ハガキで目に焼きついたような、美しい風景にすぐに出会えることは、これまで滅多にありませんでした。あの写真は、その地がもっとも輝いた瞬間に撮影されたものなのです。ですから、イメージにある景色にいつでも会えると思って訪れたのでは、少なからずがっかりすることになるでしょう。

でも、決して落胆しないでください。風光明媚なところは、ポスターや絵ハガキにあった景色だけが魅力のすべてではありません。他にたくさんの美しい自然を内包しています。ビューポイントとして知られるところを慌ただしく通り過ぎたのでは気づかないでしょうが、のんびりと道草すれば、心に染み入る自然にいくらでも出会えます。

春の雪とオオヤマザクラ

早春の北アルプス山麓であれば、たとえ秀麗な山々が雲に隠れて見えなかったとしても、雪の下からはじまっている足もとの〝春〟に目を見張ることでしょう。残雪の端では地面との間に隙間ができていて、オオイヌノフグリやハコベの小さな花が咲いています。その姿を見つけたときの清々しさは、雄大な山岳景観に少しも劣るものではありません。

北アルプス山麓の山桜に降る、春の雪もそうです。この世のものとは思えない美しさに、只ただ立ち尽くすばかりです。身も心も、いつしかその夢のような情景に引き込まれてゆくようです。信州の自然は、訪れたとき何に出会えるか分からないことも魅力なのです。

このお正月（二〇〇八年）、テレビで「京都・庭の物語」という番組を見ました。足利義満が極楽浄土をこの世に表したとも言われる金閣寺の池《ち》泉回遊式《せんかいゆうしき》庭園、一木一草もない龍安寺《りょうあんじ》の

はじめに

枯山水庭園、豊臣秀吉が天皇にお見せするためにつくった桃山時代の華やかな醍醐寺三宝院《だいごじさんぼういん》庭園、また近代を代表する作庭家重森三玲《しげもりみれい》がつくった、自然石がそそり立つ東福寺方丈《とうふくじほうじょう》南庭園などです。いずれも美しさに見とれ、意匠に感じ入りました。

解説にあった、重森三玲が言ったという「自然という力ほど偉大なものはない、自然は人が及ばない高さ、深さ、大きさがある」との言葉に私は我に返って、信州の自然が次々によみがえりました。霧が湧き雲が流れる深山も、音をたてて流れる川も滝も、そこここにあります。四季それぞれに大きく表情を変えます。あらためて、信州の自然の素晴らしさを認識した次第です。

本書は、この四半世紀をひたすら歩いて見つけた、信州の、〝五感〟を揺すぶる自然の息遣いを綴《つづ》りました。信州をより深く知り、より深く愛したい方に、少しでもお伝えできるのであれば、幸いです。

増村《ますむら》　征夫《ゆくお》

五感で発見した「秘密の信州」◎目次

はじめに　1

第一章　自然はアーチスト

冬の美ヶ原　18
有明けの月　18
光の絵筆　19
冬の華　20
星が降る　25
安曇野の星空　25
ヘール・ボップ彗星　28
流星雨　30

雪景色　33
雪の里　33
雪は天からの手紙　35
厳冬の黒部峡谷へ　37
劔岳　40
劔岳が見える　40
劔岳へ　43
ツガザクラの古木　47
瞳を凝らして 耳を澄まして　48
どこでも花が　48
「美」について　50
センス・オブ・ワンダー　52

第二章　風の色

北アルプス山麓の春　58
雪の下の春　58
春の妖精　60
サーカディアン・クロック　63
芽吹きのころ　65
雑木林を歩きたい　65
山笑う月夜沢　68
雪深い黒姫山の麓　70
ブナの森へ　73
鬼無里のブナの原生林　73
鍋倉山の巨木の森　77
山岳展望　81
アルプスの展望台・美ヶ原　81

安曇野の展望台・長峰山　83
北アルプスの展望台・日本記　85

雪が降る　87
信州の冬　87
雪が降る　88
雪国の気象　91

第三章　花の城邑

花の里　96
花の森・高遠　96
北信濃の丹霞郷　98
奥信濃の菜の花畑　100

花の名山・白馬岳　103

はじめての北アルプス登山　103
花の王国　106
朝日小屋のおやじさん　111
朝日岳への花の道　111
朝日小屋のおやじさん　116
北岳の花　121
山奥の登山口　121
大樺沢　122
花の小径　124
稜線の花々　127
中央アルプス　129
千畳敷カール　129
宝剣岳登山　131
木曽駒ヶ岳へ　134

八ヶ岳・花の旅　137
人知れず咲く樹林帯の花　137
稜線にちりばめられた花　140
花野　145
夢さそう八島ヶ原湿原　145
旧御射山遺跡　148
美ヶ原の花野　149

第四章　山を越えて

槍ヶ岳　154
槍ヶ岳が見える　154
播隆上人　157
槍ヶ岳へ　158

穂高の峰々　162
涸沢カール　162
奥穂高岳から前穂高岳へ　164
涸沢岳から北穂高岳へ　168
北アルプス横断　170
奥黒部の山々　170
薬師沢と高天原　175
立山・黒部アルペンルート　179
「山」の美術館　179
立山トレッキング　183
弥陀ヶ原と美女平　185
南アルプスの女王・仙丈岳　188
南アルプス林道　188
仙丈岳へ　191

鳳凰山 195
電車の窓から 195
鳳凰山へ 196
タカネビランジの花 200
甲武信ヶ岳 202
国境の山へ 202
十文字峠 203
甲武信ヶ岳へ 205
千曲川源流 208

第五章 来し方

北アルプスの麓へ 212
旅立ち 212
仁科の里・大町市 215

簡素に生きたい　217

不安な日々　220
花を訪ねて　220
風の色　223

北帰行　226
安曇野の白鳥湖　226
北帰行　230

上高地　233
上高地への道　233
上高地　234
風に吹かれて明神池　237

カメラとレンズ　240
たくさんカメラはあるけれど……　240
カメラを作る　243

絵画と写真　246
写真の誕生と絵画　246
ザ・クリエーション（天地創造）　248
写真の世界　249

花を訪ねて　253
植物の不思議　253
花の見分け方　256

来し方と行く先　261
人づき合い　261
仕事あれこれ　263

おわりに　267

五感で発見した「秘密の信州」

【見返し地図について】
見返しの地図３枚は、ベースとしてカシミールを使用しました。

地図製作
ＦＵＭＩＫＯ

第一章　自然はアーチスト

冬の美ヶ原《うつくしがはら》

信州に高い山は数多くあるが、冬に標高二〇〇〇メートルの山の頂上まで車で行けるのは美ヶ原だけである。頂上に建つ王ケ頭《おうがとう》ホテル宿泊客は送迎もあるので、誰でも訪ねることができる(一般車は不可)。

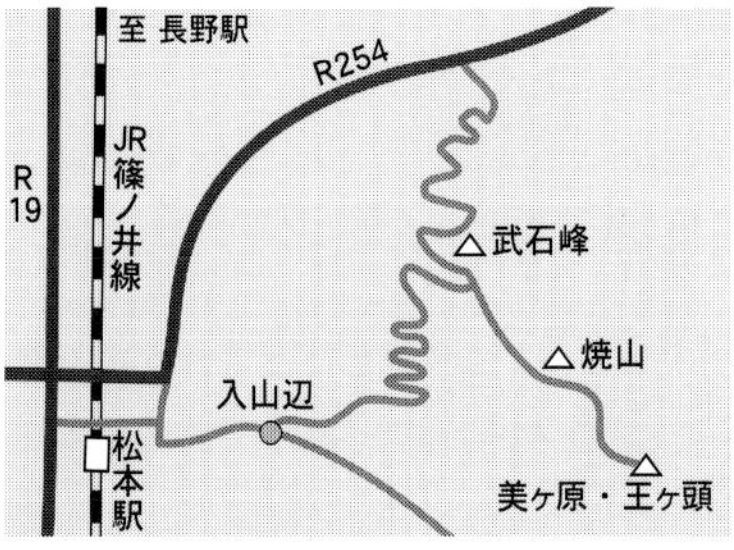

有明けの月

夜明けは西の空にも感激させられることがあった。光に満ち満ちた東の空とは対照的に、淡い群青色《ぐんじょう》に支配された少し物憂《ものう》い情景であるが、有明けの月が見られる早朝は違っている。夜明けを待つ北アルプスを満月が照らしていて、たとえようもなく幻想的であった。

有明けの月を見たのは、ホテルのすぐ北側にある長野放送のテレビ塔の脇であった。ここは南北一〇〇キロの北アルプスが一望できる、極めて撮影に都合がよい場所である。

北アルプスと有明けの月

日の出より一時間ほど前、満月は北アルプスの少し上にあって、すぐ下に細くて長い帯のような雲が一本たなびいていた。月がその雲に入るや光が拡散してお盆のように膨《ふく》らんだ。空も山も淡い群青色に包まれたなかに大きな月が浮かんでいて、この世のこととは思えない、神秘的な光景だった。月が雲から出るまでの、つかの間のできごとであった。

光の絵筆

夜明けは、美ヶ原の広い台地の向こうに凸レンズ状の曙光が現れることではじまる。東の空に赤みがさし、次第に黄金色から茜《あかね》色に染まってゆく。やがて、曙光の右側にシルエットの八《やっ》ヶ岳《がたけ》と富士山が浮かびあがってくる。多くの人が美ヶ原の夜明けに魅せられる所以《ゆえん》である。

日が昇る直前、稀《まれ》に太陽柱が見られた。遥《はる》か遠く奥秩父《おくちちぶ》の山の上に一本の金色の柱が立つのである。厳寒であるから、大気中の水蒸気が氷晶となって太陽の光を受け輝いているのだ。近くの崖や暗い森の前で見られる太陽柱とは規模が違う光の絵筆に、只ただ驚かされる。

丸い光彩

夕暮れも光の絵筆が大いに腕を振るう。この冬に出会ったのは、麓《ふもと》から湧《わ》きあがったガスが夕日を包んだときに現れた、巨大な丸い光彩である。これまで出会ったことがない現象であった。自然は人の心を揺さぶるアーチストだと思う。

冬の華

初冬、美ヶ原では際立って大きな霜の結晶が目につく。枯れ草に成長した結晶はたとえよう

白い蝶に見える霜の結晶

もなく美しい形をしている。白い蝶が重なりあっているように見える、精緻《せいち》を極めた結晶も見かけた。造化の妙を撮影できる時季である。

銀世界一面にガラス細工の木の葉を思わせる形の霜を縦に敷き詰める表面霜も、造化の妙を感じさせる。結晶の大きさは一センチほどで、日が昇った直後、強い風に舞い上がると青や赤に輝く（口絵三ページ）。表面霜と呼ばれ、この現象の上に雪が降り積もって重みでペタンと崩れると、表層雪崩《なだれ》が起きると聞く。

手が届くほど低い雲からぱらぱらと小さな雪が降ってきたときは、雪の結晶であることが多かった。氷の棘《とげ》をまとっている六花の結晶の精巧さはたとえようもなく繊細である。棘のつき方も大きさも、ひとつひとつ微妙に違ってい

霧氷

る。笹の葉に落ちているその結晶をルーペで観察しながら、今も空から幾千幾万の雪の結晶が降りそそいでいるのだと思うと、頭の芯に何かが集《つど》ってくるような感動を覚えた。空を見あげると、頬っぺたに当たる雪の感触が心地よかった。

雪を運んでくる雲がさらに低く下がって美ヶ原を包むと、一夜にして冬枯れの草木が真っ白になる。霧氷《むひょう》である。このような日は朝食を済ませるとすぐに、焼山《やけやま》付近に移動した。ここはひときわ美しい霧氷が見られる。網の目のように枝を広げたダケカンバの古木が多くあり、見あげると、白いレースのように繊細な霧氷が空を覆《おお》っていた。

焼山付近はロケーションも素晴らしい。西から北にかけて御嶽山《おんたけさん》、乗鞍岳《のりくらだけ》、槍《やり》・穂高連峰、鹿《か》島槍ヶ《しまやりが》岳《たけ》、白馬《しろうま》三山が見える。東はカラマツの森の向こうに浅間山が見える。

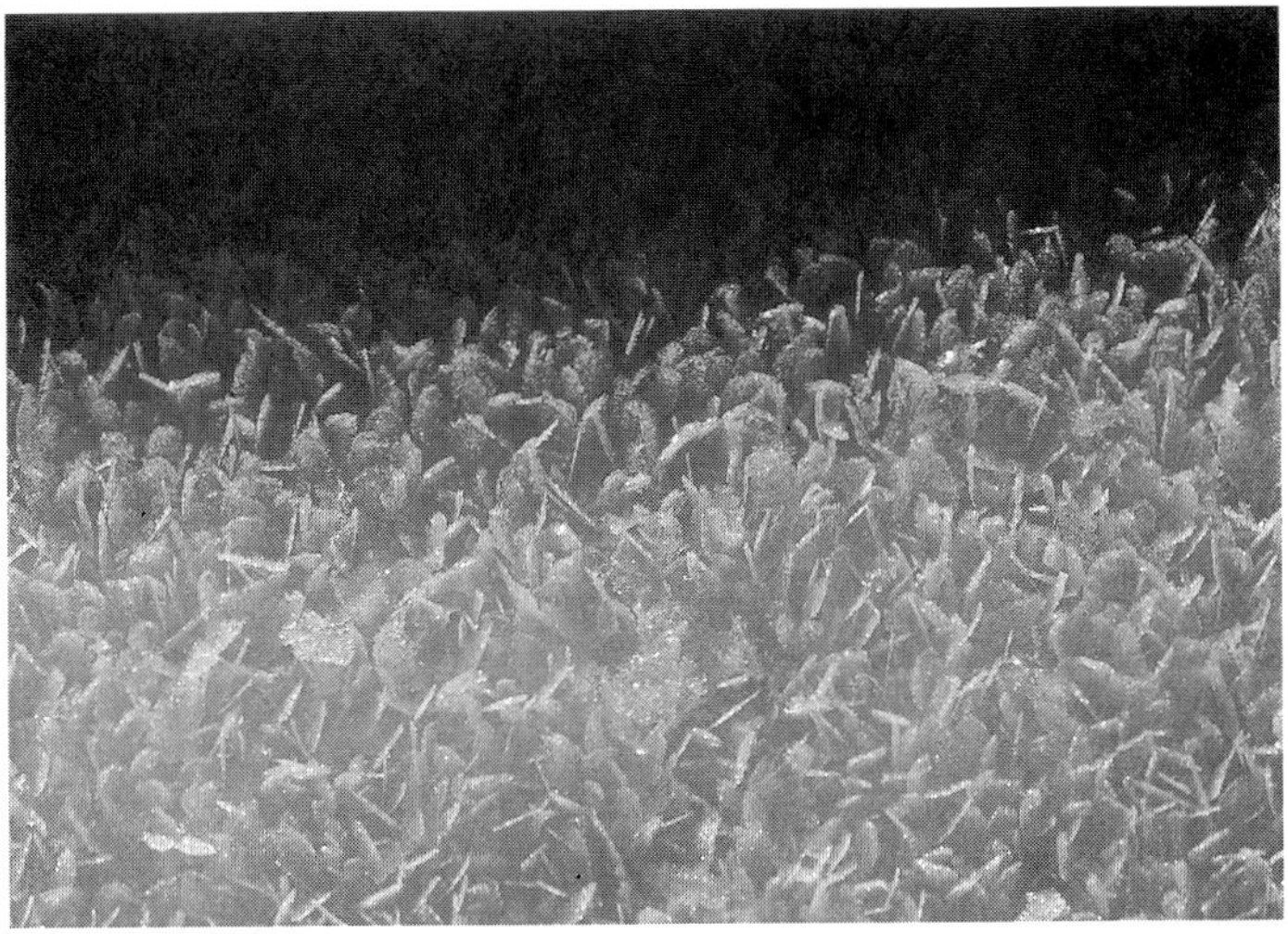

表面霜

精緻を極める霧氷だが、それはひとときにすぎない。気温が上がってくる午前一〇時半をすぎると、表皮がなめらかなダケカンバの霧氷が、風が吹くたびにバラバラと音を立てて落ちてゆく。風がなくてもハラハラと散ってゆく。カラマツは、それより一時間ほど遅れて落ちてゆく。あたりは一変して、冬枯れの世界へと返ってゆく。

冬が終わるころ雨氷に出会うことがある。雲に包まれるか濃い霧が流れさえすれば見られる霧氷に比べると、比較にならないほど稀な自然現象である。雨氷は零度以下に冷えた雨の雫《しずく》が木にあたって透明な氷となったものだが、この光景に出会ったときは目を疑った。

その日は美ヶ原の山裾《やますそ》の里を通り北沢に沿っ

雨氷

た林道を登っていた。すると、イルミネーションを思わせる木々が見えてきた。一本の木に何百何千もの氷の粒がついていて、その氷の粒ひとつひとつに小さな太陽が光っていた（口絵二ページ）。その情景は、海に沈む夕日が、水面に千々に散る美しさを人に語ることの難しさに似て、言葉で説明できない。

不思議なことに雨氷は、美ヶ原の山腹に白い鉢巻《はちま》きを結んだように、標高一五〇〇メートルくらいのところにだけ幅五〇メートルくらいで帯状についているだけであった。微妙な気温の差によって雨氷となるのだろう。美ヶ原で見られる、最後の冬の華に見入った。

星が降る

星空を眺めていると深遠な宇宙の息遣いが感じられ、なんだか、小さなことにこだわらなくてもいいような気がしてくる。不思議なことに、以前、同じことがあったように思えてくる。

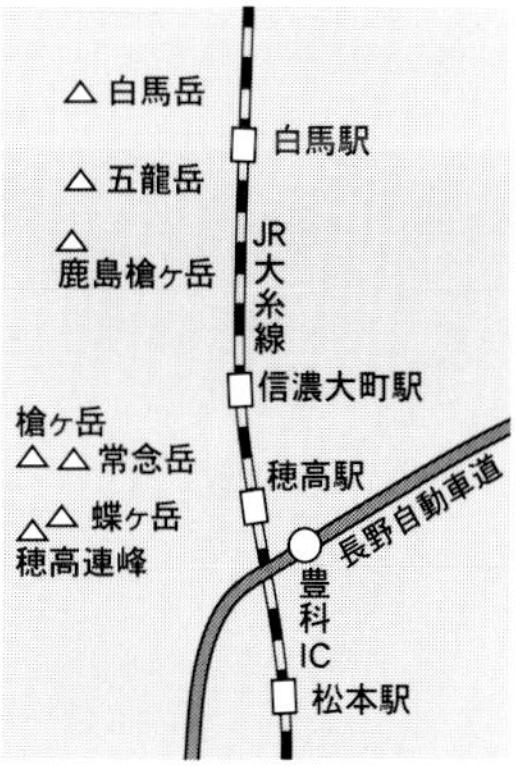

安曇野《あずみの》の星空

信州に移り住んで、特に力を注いだ撮影対象は花と星空であった。撮影カットが圧倒的に多い花に比べれば、星空の写真は少ない。撮影できる日が少ないからだ。天気予報が快晴であっても、春は霞《かすみ》、秋は霧が出ることが多いのである。

撮影チャンスは、いつも突然やってきた。たとえば遠くへ出かけ、日没後に安曇野に帰ってきて星空が美しいことに気づくときである。対向車のライトがあっても、たくさんの星が見えるので心が揺さぶられる。すぐに街の灯や車のライトが少ない撮影ポイントへ移動して、星空の撮影にかかる。星空だけではつまらないので、ファインダーにシルエットの北アルプスや森を入れて構図を決め、高感度フイルムで五分ほどシャッターを開く。数十年の経験で、星が降っているように写すにはおよそ五分がよい結果を得ているのだ。

シャッターを開いて撮影している間は腰を下ろし、星空を眺めている。煌《きら》めく色とりどりの星を見ていると、いつも深遠なものを感じる。宇宙はどのような姿なのだろうかと考えさせられる。なにしろ、いちばん近い恒星でさえ、太陽を除けば光の速さで四・三年もかかるという。銀河でいちばん近いアンドロメダは、光の速さで二二〇万年かかるという。肉眼でぼんやり見える銀河だ。宇宙はどれほど広いのだろうか。

また、星空を見ていると、宇宙に打ち上げられたハッブル望遠鏡が撮影した、可視光線で見

安曇野の星空

ることが可能なもっとも遠い宇宙の写真が思い出される。

一九九五年に北斗七星に近いごく狭い領域を写したその写真には、一五〇〇個から二〇〇〇個の銀河が写っている。渦巻、楕円、不規則、といろんな形をしていて、色は赤、黄、青とさまざまである。

この銀河の多くは、七〇億光年の彼方《かなた》であるというから、写っているのは七〇億年前の宇宙の姿である。なかには、宇宙が誕生して一〇億年たらずの銀河も写っているという。これはもう想像すらできない。宇宙の果ては、いったいどのようになっているのだろうかとの思いが、ぐるぐるまわる。

私が撮影しているのは、星座の星や明るい星雲である。しかし、高感度フイルムで約五分間光を集積すると、目では見えない星が写っていて、その星々がみんな少し流れて写るので、山や森に降っているかに見える。目では真っ暗な空が、深い藍色に写る。写真ならではの、シュールな世界である。

また星空の撮影は、広大無辺な宇宙のことや、地球も宇宙のひとつの星であることに思いを廻《めぐ》らす機会を与えてくれる。

ヘール・ボップ彗星

二〇世紀末の一九九五年七月、星空を撮影している私にとって大きなニュースがあった。アメリカのアラン・ヘールとトーマス・ボップによって発見されたヘール・ボップ彗星は、人類が目撃した彗星のなかでトップクラスだというのである。木星軌道の外側で発見されたとき、見かけの明るさがハレー彗星の同距離と比べ一〇〇倍も明るいというのだから、それはもう期待に胸を膨らませた。

それから一年七ヵ月が過ぎた一九九七年二月下旬、星空を見上げるとヘール・ボップ彗星は、はくちょう座の羽をかすめていた。三月下旬にはアンドロメダ銀河に接近したが、二四日が満月であったから彗星の尾がはっきりとは見えなかった。

四月一日、彗星は太陽にもっとも近づき、再び五六〇億キロという遥か彼方へ旅立った。太陽から冥王星までの距離の約一〇倍である。

私がもっとも撮影したいと願っていた日は四月一〇日である。この日は、ヘール・ボップ彗星と昴《すばる》（プレアデス星団）と三日月がほぼ水平に並ぶのである。周知のように月は一日で約一五度も高度が違うので、この日しかチャンスがなかった。

ヘール・ボップ彗星

重要なことは、彗星、昴、三日月をどの景色と一緒に撮影するかであった。幸いなことに、日が沈んで星が煌めきはじめる薄明終了時の一九時四〇分ごろは彗星の高度が約二〇度であることから、北アルプスと一緒に撮影できる。方角は西北西付近である。私は地図を広げ、ひときわ個性的な山々が並ぶ北アルプス北部の山と彗星を写せる場所をさがし、現地で方位や高度を確認した。指折り数えて、その日を待った。

四月一〇日、日が沈むと間もなく、果たしてヘール・ボップ彗星が男性的な岩山である五龍《ごりゅう》岳《だけ》の空に姿を現した。二つのピークが天を突く左どなりの鹿島槍ヶ岳の空に昴と三日月、右側の端正な白馬三山の空にカシオペア座の星が輝いている。

前日の雨や風が安曇野の春霞をみんな吹き飛ばしてくれたので、澄みきった冬の星空のように綺麗だった。期待していたより遥かに美しい星空であることに驚き、感謝した。細心の注意をはらって、空が漆黒《しっこく》になるまでシャッターを切り続けた。何かが私に撮影させてくれていると、啓示を受けているように感じられた。

流星雨《りゅうせいう》

二〇〇一年のしし座流星群は、歴史的な流星雨となるかもしれないとの予想に、心をときめかせた。

しし座流星群は有史以来、地球上のどこかで約三三年ごとに活発な活動を繰り返してきた。これは約三三年の周期でやってくるテンペル・タットル彗星が、流星群の素となるダストを地球軌道面に放出することによる。このダストに地球が接近するのが毎年一一月一八日ごろで、見かけの輻射点《ふくしゃ》はしし座である。

いち早く心を躍らせたのは天文ファンである。それは、一九九九年に大西洋のカナリア諸島などで流星雨が見られ、この流星雨を予想して的中させたイギリスのD・アッシャー博士が、二〇〇一年は日本付近で流星雨が見られる可能性が高いと予想したからである。

待ちに待った二〇〇一年一一月一八日、

しし座の流星

天候に恵まれた。二三時を過ぎると、長く尾を引く流星の出現が始まった。D・アッシャー博士が予想したように、テンペル・タットル彗星が放出したダストに地球が突入したのだ。

一九日の午前一時台には、たくさんの流れ星のなかに、今まで見たことがない大きな火球が次々に出現した。火球は五秒以上輝き続け、とてつもなく長い光跡を引いた。このときに体験した光景を、なんと説明すればよいのだろうか。しし座の輻射点にかぎらず、天を切り裂くように火球が落ちてきた。火球のあと永続痕《えいぞくこん》がしばらく残るものもあった。星が降っている、と実感した。その光景は、バラバラになった小惑星が地球に衝突する映画「アルマゲドン」のシーンと重なり、恐ろしくもあった。

撮影しながら、日本における流星雨の歴史的瞬間を目撃しているのだとの思いで、興奮を抑えきれなかった。

雪景色

はじめて訪れた北アルプスの麓の雪景色が縁で、安曇野に移り住んだ。暮らしている里も雪深いが、さらに深い雪景色を訪ねて、雪の森へ、雪山へ、雪の渓谷へと、冬の大半は出かけている。

雪の里

二〇〇八年一月一日、北信濃《しなの》はお正月としては近年にない大雪であった。大晦日から降り続いた雪は大町市で五〇センチ、白馬《はくば》村では九〇センチも積もった。我が家では元日の朝六時から九時過ぎまで、長男が雪かきに汗を流した。雪景色を見たいといって九州から来ていた妹は、除雪で庭の半分が雪の小山になったことに日を見張った。

午後、近くの若一王子《にゃくいちおうじ》神社へ初もうでに出かけた。町も山もすべて真っ白である。駐車場か

若一王子神社

ら参道を歩き境内に入ったときだった。強い風が吹き、高さ二〇メートルほどの鎮守の森の木々に積もっていた雪が一斉に落ちはじめた。まるですべての老杉が申し合わせて雪を振り落としているかに見えた。境内はひととき雪煙に包まれ、何も見えなくなったほどである。妹がその光景に驚いたことは言うまでもない。やがてその騒ぎが落ち着くと、三軒並んでいる露店の、西端のテントが直撃にあって倒れかけていた。

雪景色は夢の世界としか思えないほど美しい。しかし雪国では、時として痛ましい事故が起きる。昭和五六年の豪雪では、県下で四五人もの死傷者をだしている。毎年、屋根の雪下ろしの作業中に、落ちて亡くなる人がいる。屋根

[illegible]渓堂
03 3291 2811

またの御来店を
お待ちして おります
ありがとうございました

2008年06月21日 12:59
000000#8777 01

本一1	¥1,333
本一1	¥1,500
**小計	¥2,833
外税小計	¥2,833
外税	¥142
個数	2個
**合計	¥2,975
現金	¥3,000
釣	¥25

から落ちてきた雪に埋まって亡くなる人もいる。

雪国の昔の生活は、さらに厳しいものであったろう。北信濃で生まれた俳人・小林一茶は、「初雪をいまいましいといふべ哉」と詠んでいる。雪に閉ざされた暗い家の中での生活が目に浮かぶ。

現在も雪国の生活は、話に聞いて想像していた以上に過酷であった。この四半世紀に、集団で平地へ移転した集落が知っているだけで二ヵ所ある。

だが、雪国の人々が故郷を嫌っているかとの調査では、必ずしもそうではないとの結果であるという。厳しく、つらくても、生まれ育った雪国への愛着は、消えることはないのである。

雪は天からの手紙

雪の日は心を揺さぶられる。遠くの景色は霞んで見えないが、森や林に降る雪の情緒はほんとうにほんとうに物語めいていて、そのなかに身を置くと心が解放され、自分が消えてなくなるような感じがする。

粉雪のときは、私はポケットからルーペを取り出し、雪の結晶を見ることが習慣になった。

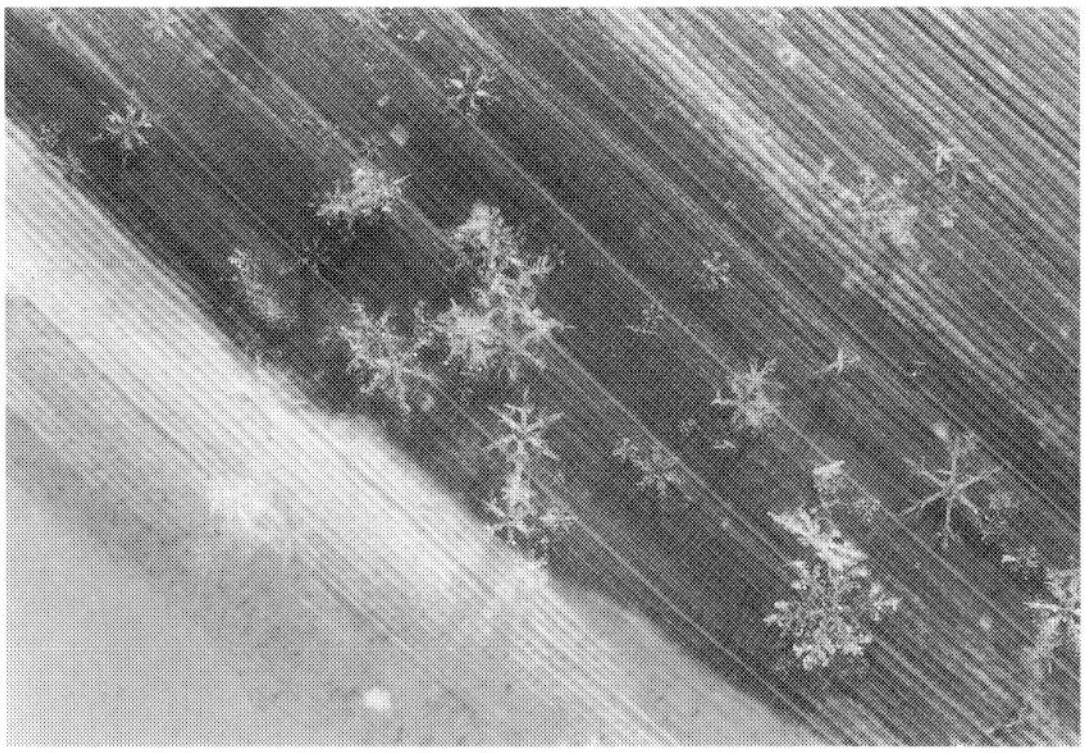
雪の結晶

不完全な結晶であることも、美しい六花状の結晶がちりばめられていることもある。美しい結晶のなかには直径が四ミリ近いものがあり、目でもその形がよく分かった。

　雪の結晶の美しさに魅せられた物理学者・中谷《なかや》宇《う》吉郎《きちろう》のエッセー集『雪は天からの手紙』（岩波少年文庫）で、雪をつくる話を読んだことがある。低温実験室のなかでいろんな形の雪の結晶をつくりだす話だ。とても興味深いので、そのことが書かれているところを抜粋する。

「水の温度をいろいろに変えて、水蒸気の供給を加減すると、それぞれに決まった形の結晶が得られる。例えば水蒸気が多いと羽毛状の発達した繊細な結晶になり、中ほどくらいにするときれいな角板になる。そして思い切って水蒸気の供給を減らすと、きわめて徐々に角柱状やピラミッド型の結晶が生長する。」

厳冬の黒部峡谷と立山

ちなみに雪は非常に小さな埃が芯となって結晶ができるのであるが、中谷宇吉郎の調査で、大気が清浄で埃が少ないところとして知られるハワイ島のマウナ・ロア山頂やグリーンランドでも、北海道でも、実験室でも、結晶の形は同じであったという。

厳冬の黒部峡谷《くろべきょうこく》へ

厳冬期の黒部峡谷の雪景色を見たことがある。両側とも峻険な山が迫っていて雪崩が頻繁に起きる冬の黒部峡谷に入るなど考えられないことだが、ひとつだけルートがある。冬であっても、黒部ダムを守る人たちが関電トンネルから入っているのである。その人たちと、厳冬の

冬の立山

黒部峡谷をめざした。

扇沢《おうぎさわ》までの車道は雪崩に遭う確率が高いので、雪上車で籠川《かごがわ》を遡《さかのぼ》り、関電トンネル入り口の扇沢へ向かった。扇沢から黒部ダムへは四輪駆動の車である。暗いトンネルは、トロリーバスで行くより遥かに長く感じられた。

黒部ダム駅一帯にはトンネルが縦横にあった。案内してもらったのは、黒部峡谷にぽっかりと穴を開けたトンネルである。氷筍《ひょうじゅん》ができるトンネルでもあった。

氷筍は竹の子状の氷で、鍾乳洞の石筍《せきじゅん》のように、トンネルの天井から滴り落ちる水で氷の竹の子ができるのである。その氷筍を折って真上から見ると花の紋様があると聞いていたが、簡単に折ることができる大きさではなかった。

氷筍を縫ってトンネルの奥へすすむと、かすかに先が明るくなっていた。そこが黒部峡谷への出口で、半ば雪で閉ざされていた。案内してくださった方がその雪の壁をスコップで切り開いた。するとどうだろう、黒部の深い谷の東側の山の中腹にポンと出たのである。あまりにも急峻《きゅうしゅん》であることから雪が積もらないのである。

真下に黒部川が見えた。黒部別山《べっさん》の左側に、真っ白な立山がそびえていた。峻険で厳粛な佇《たたず》まいの立山であった。その雪景色は一瞬に私の脳裏に焼き付いてしまった。

劔岳《つるぎだけ》

劔岳は、明治も終わりに近づくまで人跡未踏の山とされていた。
明治四〇年七月、陸軍の陸地測量部が地図作成のため頂上をめざした。初登頂と思われたが、頂上で古い錫杖《しゃくじょう》の頭部と槍《やり》の穂を発見、すでに修験者が登っていたことが分かったという。

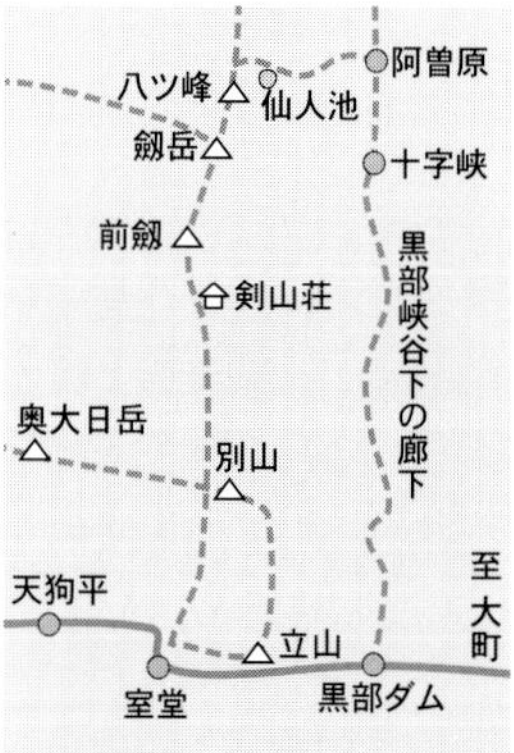

劔岳が見える

劔岳の何にひかれるのか。登頂にもひかれるし、山にまつわる話にもひかれる。しかし何よりも、どこから見ても厳かで、威風堂々としているその姿に私はひかれた。

鹿島槍ヶ岳のテント場から眺めた、夕暮れの劔岳が目に浮かぶ。雲海に覆《おお》われていた黒部の谷に、シルエットの劔岳が浮かんでいた。三ノ窓、小窓と呼ばれる、深く切れ込んだ稜線がくっきりと見えていた。日が沈むと空が柿色に染まり、劔岳に細い三日月が沈んでいった。

鹿島槍ヶ岳テント場よりの劔岳

劔岳頂上から西に延びた早月《はやつき》尾根の麓から見た、厳冬の劔岳も忘れられない。峻険な岩の峰がせりあがっているようにも、束ねられているようにも見えた。右手にそびえていた、頂上が白い大きな餅を思わせる大日岳《だいにちだけ》と対照的であった。

日が沈むとき頂上が茜色に染まり、東の空を映したトワイライトブルーの山腹には点々と薄墨色の立山杉が絶妙の配置で立っていた。

もう一ヵ所、劔岳が見られる特別な場所がある。裏劔とよばれる、劔岳の峨々《がが》とした八ッ峰が眼前にそびえている仙人池《せんにんいけ》だ。だが、仙人池は遠い。どこから入っても二日を要する。私は、黒部ダムから黒部峡谷を下って阿曽原《あぞはら》小屋へ泊まり、さらに仙人池へ登る道をとった。

仙人池からの裏劔

十字峡

初日、「下《しも》の廊下」と呼ばれる黒部峡谷を下った。高さ数百メートルの断崖の中腹に設けられた危険な道だが、白竜峡《はくりゅうきょう》、十字峡、S字峡などの渓谷美に出会えるのが魅力である。二日目は、阿曽原から仙人池まで登りが続く。幾度も急坂があり、途中からは二〇センチほど積もった新雪を踏んで、やっと仙人池へ辿《たど》り着いた。甲斐あって、願ってもない劔岳が撮影できた。新雪で化粧した八ッ峰の中腹に、雲間から光が差したのだ。

壁のような岩山を目の当たりにするだけならともかく、中腹だけ夕日に照らされた八ッ峰は神々《こうごう》しい姿であった。魂の底を深くえぐられるものがあった。日が沈んで八ッ峰がモノトーンになっても、しばらく立ちつくした。八ッ峰の頂上に、いつか立ってみたいと思った。

劔岳へ

劔岳をめざした初日、立山・黒部アルペンルートの室堂《むろどう》から別山乗越《べっさんのつこし》を経て、剣山荘へ泊まった。

翌朝は夜明け前に出発。お花畑の斜面をすぎ、岩場の道を通って一服劔《いっぷくつるぎ》に登ると、前劔が思

早月尾根の麓から見た厳冬の劔岳

ったより大きく見えた。いったん武蔵《むさし》のコル（鞍部）へ下り、前劔の急坂にとりつく。

前劔に立つと、めざす劔岳が立ちはだかった。なんという重量感であることか。いよいよ登るのだと、気を引き締めた。

前劔の鎖場《くさりば》を下ると、最初の難関が待ち受けていた。平蔵谷雪渓《へいぞうだにせっけい》の最上部に突き出た絶壁を、鎖をたよりに五〇メートルほどトラバース（横切る）して平蔵谷のコルに下りるのだ。平蔵谷のコルには、風雪にさらされたコンクリート造りの無人の避難小屋が、岩にめり込むように建っていた。

次は最難関の鎖場、「カニのタテバイ」である。一七メートルの垂直に近い岩を登らなければならない。太いボルトが打ってあり、鎖もあるので、特に緊張することはなかった。だが、すぐ左脇の岩場を下っている登山者に釘づけになった。鎖はつけられているが、垂直の岩にしがみつき、次の足場をさぐりながら横に動いている（写真）。「カニのヨコバイ」である。話には聞いていたが、下りはたいへんだと思った。

劔岳頂上に辿り着くと、よく歩いた白馬《しろうま》連峰から唐松岳《からまつだけ》、五龍岳、鹿島槍ヶ岳が横一列に並んでいた。その山々から劔岳を眺めた日のことを思い出しながら、弁当を食べた。

カニのヨコバイ

山では天候が気になる。岩山の劔岳であるからなおさらだ。

天気を判断するのに、「観天望気」という方法がある。たとえば、高い雲と低い雲が逆方向に流れているときは、間もなく雨になる。笠雲、レンズ雲が現れると、天気はくず

カニのタテバイ

れる。西に現れた積乱雲は要注意、など、空を見上げて天気の行方を判断する方法である。だが、その日は昼をすぎているのに雲ひとつない快晴、これは八ッ峰まで足をのばすチャンスだと思い、早々に出発した。

頂上からしばらく下って、ルートがよく分からない岩場を、岩につけられたマークを確認しながら進んだ。ただ一人出会った登山者にお願いして、間近に迫った八ッ峰を背景に写真を撮ってもらった。

八ッ峰の頭に辿り着いたとき、仙人池から眺めたあの岩の峰にいま立っているのだという喜びで、感慨無量であった。

八ッ峰、後ろは右から鹿島槍ヶ岳、五龍岳、唐松岳

ツガザクラの古木

劒岳の岩場で出会ったツガザクラが目に浮かぶ。太さが箸ほどの枯れた幹の根元から、マッチ棒ほどの枝を伸ばし、五つ花をつけていた。箸ほどの幹と言えば小さいように思えるが、ツガザクラは矮小低木《わいしょう》という小さな木だから、何十年、いや何百年を経ているのかもしれない。

その昔、岩の割れ目にこぼれ落ちたツガザクラの種が、わずかな土に根をおろし、自分の役割を果たそうと懸命に花をつけている。これまでに、日照りなど、どれほどの苦難に遭《あ》ったことだろう。そう思うと、尊いと思った。劒岳は花が多い山ではなかったが、このツガザクラと出会っただけで、幸せであった。

瞳を凝らして 耳を澄まして

野山を歩く楽しみは、美しい景色が見られることだけではなかった。ふと目にとまる小さな自然の、小さなドラマの発見があった。ポケットからルーペを取り出して拡大し、飽きることなく見ている。

どこでも花が

野山を訪ね歩いたことは、たくさんの花に出会えただけでもよかった。野山に咲く花には素朴な美しさがあった。懸命に生きている姿が美しかった。そのことを子どもたちに見てほしくて、福音館書店のたくさんのふしぎシリーズで『どこでも花が……』としてまとめたことがある。

前半は、道路脇のコンクリートの壁に開けられた水抜きの小さな穴から生えたヒメオドリコ

ヒメオドリコソウとカラスノエンドウ

ソウとカラスノエンドウが、茎を弓のように曲げ空に向かって花を咲かせている写真からはじめ、草屋根で白い大きな花を咲かせていたヤマユリ、コンクリートの割れ目で小さな黄色の五弁花をつけたカタバミ、車のタイヤに踏まれる心配のない狭い車道の真ん中で咲いていたミヤコグサ、というように、思いがけないところに咲いていた花で構成した。それぞれの花が、辿り着いたところで懸命に花をつけていることを感じとってほしいと願ったのである。

後半は里から離れ、林の中、崩壊地、崖や岩場、高山の岩礫《がんれき》地や雪崩草原、さらに湿原、水の中、海辺と、どこにでも花が咲いていることを写真で構成した。それぞれの花が季節や気象、標高など、自分に合ったところで生活して

屋根に咲いたヤマユリ

いることを綴《つづ》った。たくさんの子どもに見てもらえるチャンスを与えられたことを、感謝している。

「美」について

「美」とは何であろうか。広辞苑を開くと、美人、有終の美、美味、美称など、いろいろな意味に使われることを数多く述べたあと、「知覚、感覚、情感を刺激して内的快感をひきおこすもの」とある。理解はできるが、写真の対象として何があるだろうかと考えると、難しい。

三島由紀夫は、「美とは形のなかに把《たば》められた力だ。形がなければ美ではない、力がなければ美ではない」と話している。三島文学のファンである私は、形のなかに把められた力とは何であろうかと、ことあるごとに考えた。できることなら、それを写真で撮りたいと考えた。だが、考えても考えても、混沌《こんとん》として見えてこない。

あるとき、冬芽《とうが》がその中のひとつだと気づいた。春になれば開く葉や花の蕾《つぼみ》を寒さから守る

オニグルミの冬芽

ホオノキの冬芽

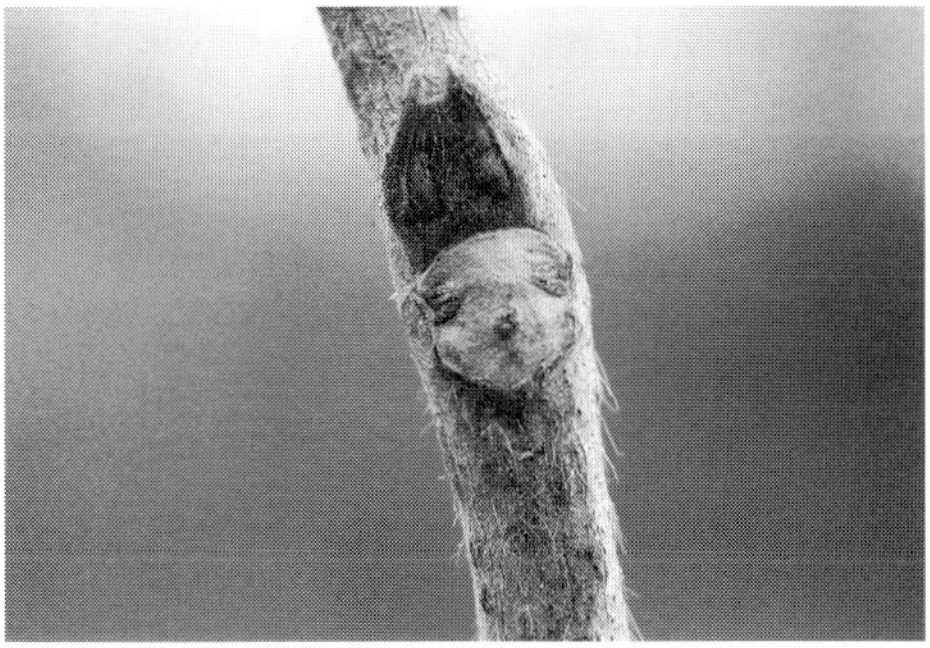
クズの冬芽

ため、鱗片を重ね包んでいる姿は、まさしく「形のなかに把められた力」であると思える。冬芽の下にある、葉が落ちた跡の形が面白い。動物や人の顔に見えるのだ。目や鼻、口に見えるのは、枝から葉へ水や養分を送っていた管の断面である。冬芽が、その顔の帽子のように見える。

冬芽とその顔は撮影対象として向いていることもあり、雑木林を歩く楽しみのひとつとなった。お気に入りはオニグルミだ。羊そっくりのおとなしい顔をしている。クズはどこか淋しそうな顔、ホオノキはおっとりとした顔、意地悪に見えるのは目が左右に離れているヤマアジサイだ。宇宙人を思わせるシャクナゲもよく見かける。あれこれ異なる顔だちは見飽きることがなかった。神秘を内包した美しさがあった。

センス・オブ・ワンダー

野山を歩いていて、散ってゆく花の美しさに見とれたことがたびたびあった。印象深いのは梅雨に咲くサンカヨウだ。しとしと降る雨に打たれ、その純白の花色を流し、薄いガラス細工かと思える姿に変わってしまう。次の雨に散ってゆく。残った花びらにも、散った花びらに

ガラス細工のようなサンカヨウ

も、いとおしい気持ちが頭をかすめる。役目を果たした後の清々しさが感じられる。
　秋の気配が忍び寄ると、草の露が目立ってくる。草々にびっしりとついた露は目を見張るほど大きい。ちょっと触れてみると瞬く間に手にこぼれ落ちてきた。小さな冷たさが心地よかった。
　木の葉が舞い落ちるころ、雑木林で緑色の繭《まゆ》を見かけることがある。蚕の繭よりひと回り小さくて、上部に柄があって小枝と結ばれている。ヤママユガの一種ウスタビガだ。手に取ってみると、軽くてカサカサであった。
　この時季、晴れて風がない夜は放射冷却が働き、大地が冷え、地面に近い水蒸気が氷の結晶となって草木につく。枯れ草も畑の土も真っ白になる。

霜柱も興味深い。細長い氷が土や木の葉を持ちあげている。土の中の水分が地表近くで凍り、竹の子のように伸びるからであると聞く。

このように、信州の自然の移《うつ》ろいはいつも神秘に満ちている。だが大人になると、このような自然に興味を示さなくなる人が多い。

ヤママユ（ウスタビガ）

このことを『沈黙の春』の著者レイチェル・カーソンが、絶筆『センス・オブ・ワンダー』に書いてある。
「もしもわたしが、すべての子どもの成長を見守る善良な妖精に話しかける力を持っているとしたら、世界中の子どもに、生涯消えることのない『センス・オブ・ワンダー＝神秘さや不思議さに目を見張る感性』を授けてほしいとたのむでしょう。

この感性は、やがて大人になるとやってくる倦怠と幻滅、わたしたちが自然という力の源泉から遠ざかること、つまらない人工的なものに夢中になることなどに対する、かわらぬ解毒剤になるのです。」（上遠恵子訳・新潮社）

カーソンのメッセージは、信州の秘密の扉を開く鍵であるように思える。

霜柱

第二章　風の色

北アルプス山麓の春

北アルプスの麓《ふもと》は標高が高いことから、四季がはっきりと分かれていて、印象的な自然によく出会った。たとえば、春の光に誘われて雪の下で咲きはじめる花だ。春を待つ心が痛いほど伝わってくる。

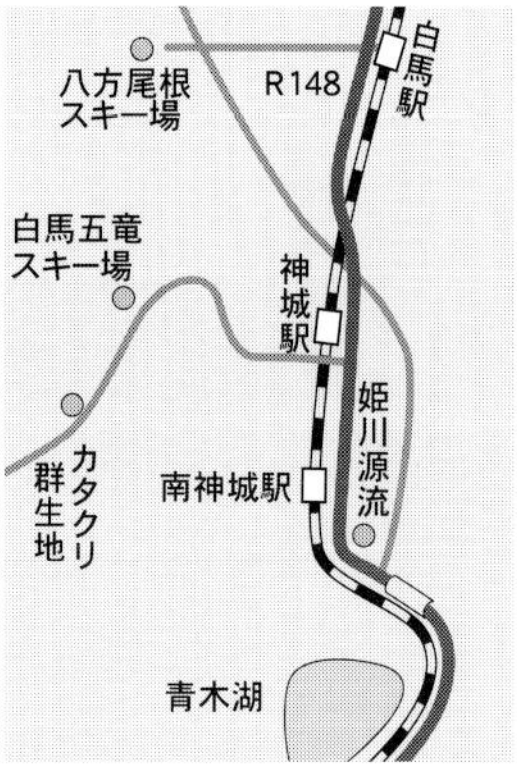

雪の下の春

あたたかい地方から花のたよりが届くようになる三月はじめになると、雪深い北アルプス北部の麓《ふもと》の白馬《はくば》村でも、日差しがやわらかになる。

朱色に染まっていた北アルプスの朝焼けは、どこか眠そうな珊瑚色に変わってくる。

朝夕の冷え込みは冬のようでも日が昇るとあたたかいので、田畑の片隅で花が咲きはじめてはいないかと気にかかる。だが出かけてみると、吹く風が思ったより冷たい日が多い。雪も解

霜とオオイヌノフグリ

ける気配がない。

　白馬村の春は、雪の下からはじまる。地面と雪の間には隙間ができていて、オオイヌノフグリやハコべなどの越年草がすでに蕾《つぼみ》を抱いている。日一日とあたたかくなり、雪が解ける日を待っているに違いない。

　雪が解けた畑の日だまりでは、すでにオオイヌノフグリが花をつけている。直径八ミリほどの小さな花だが、濃い紺色の筋がある瑠璃《るり》色の花弁と白い筒部の色合いが清々《すがすが》しい。

　この花は五月半ばまで、あちこちで見かける。よく晴れた朝は放射冷却で霜が降り、花が白く縁どられていることもしばしば。また、水っぽい春の雪に半ば埋まっていることもある。

　春の七草のひとつに数えられているハコべ

も、他の花に先がけて咲く。これも直径七ミリほどの小さな花だが、ナデシコ科の花らしく、控えめな印象がいい。

霜に遭うからだろうか、葉が黄色に変わっているものもときおり見かける。オオイヌノフグリもハコベも、他の植物がまだ地中で眠っている早春に咲くことを運命づけられているような花かもしれない。

春の妖精

日脚が伸びてくる四月に入っても、寒の戻りで薄氷が張る日がある。ちょっとさわれば壊れてしまう、また日が差せばすぐに解けてしまう氷だ。

そのような日でも出かけると、雪の残る山裾《やますそ》の林で、ひっそりと咲いている花に出会えることがある。

白馬村姫川《ひめかわ》源流の雑木林の雪の下で春を待つフクジュソウも、その中のひとつだ。

ここでは、ひと冬降り積もった雪の、いちばん下の固い粗目《ざらめ》状の雪を、まるでスプーンですくい取ったように、フクジュソウが身の周りを解かしている。真上からその穴をのぞくと、半ば開きかけた黄金色の花が見える。痛々しいまでの、春を待つ姿だ。

安曇野《あずみの》の花を紹介するＮＨＫテレビのゲストで姫川源流を訪れて、春の雪に遭ったことがある。

午前中は天気に恵まれ、北アルプスの伏流水が流れる、穂高の万水川《よろずい》のほとりに咲く野草の花を取材。午後から姫川源流のフクジュソウ群生地に向かった。

ところが、途中から雲行きがあやしくなり、やがて雪が降ってきた。姫川源流の手前にある仁《に》科三湖《しなさんこ》あたりでぼたん雪にかわり、白馬村に着くと、あたりは真っ白。姫川源流のフクジュソウは蕾に戻ったように花を固く閉じ、半ば雪に埋もれていた。

フクジュソウ群生地の林に降りそそぐぼたん雪はたとえようもなく美しかったが、ディレクターとキャスターが困り果てている。

源流の木道《もくどう》を奥へ進み、水が湧《わ》き出ている源流帯に架かる小さな橋のたもとで、興味深い対象に出会い、私たちは助かった。

雪を被《かぶ》ったフクジュソウの隣にツクシが二〇本ほど顔を出し、向かいにはミズバショウが咲いていたのである。早春と陽春、初夏の花が一緒に咲いている。しかも、やむこともなく雪が降っている。北アルプス北部の麓である白馬村の、春を象徴する映像を収めることができた。

白馬村にはカタクリの群生地もある。四月下旬、そのカタクリは一斉に花をつける。白馬五竜スキー場の、南端の山裾である。

ここは、東向きの斜面であることから、午後一時から二時ごろの光線が素晴らしい。西に傾きはじめた日差しがカタクリの花を逆光で照らすので、花びらが透けて輝くのだ。恥じらうかのようにうつむいた、つつましい姿に魅せられる。

近くでは、一重の小さなキクを思わせる花を細い茎の先にひとつつけたキクザキイチゲが、肩を寄せあって咲いていた。ところどころ、青紫の小さな花をつけたヤマエンゴサクも咲いていた。

カタクリ

フクジュソウ、カタクリ、キクザキイチゲ、ヤマエンゴサク。この花たちは雪が解けるとすぐに芽を出し、花をつけ、実を結ぶ。また地下の根茎に養分を蓄える。やがて、周りの草木が芽吹いて茂るころには姿が見当たらなくなる。春の、ほんのひとときしか見ることができない花たちであり、「春の妖精」と呼ばれている。

サーカディアン・クロック

雪解けを待ちきれずに咲く花があるかと思えば、晩秋や冬になってから咲く花もある。季節はずれの狂《くる》い咲きは例外として、植物は何を感じて、それぞれが咲く時期を知るのだろうか。

調べてみて、植物は日照時間の変化に対して反応するサーカディアン・クロック（植物時計）を持っていることが分かった。それぞれの花は、季節によって変わってくる日照時間を感じて、自分が咲く時を知るのだそうである。

はじめに記した、地面と雪の隙間で蕾をつけていたオオイヌノフグリやハコべ、また固い粗目状の雪を解かしていたフクジュソウの蕾は、雪の下であっても、春の光を感じとっていたに違いない。

キクザキイチゲ

雪の下のフクジュソウ

芽吹きのころ

「春の妖精」と呼ばれる可憐な草花が咲き終えるのを待って、木々は芽吹く。明るい若葉色のミズナラ、深い青竹色のカラマツ、紅葉と見間違える紅色のカエデの仲間。その森に、コブシやオオヤマザクラが彩りを添える。

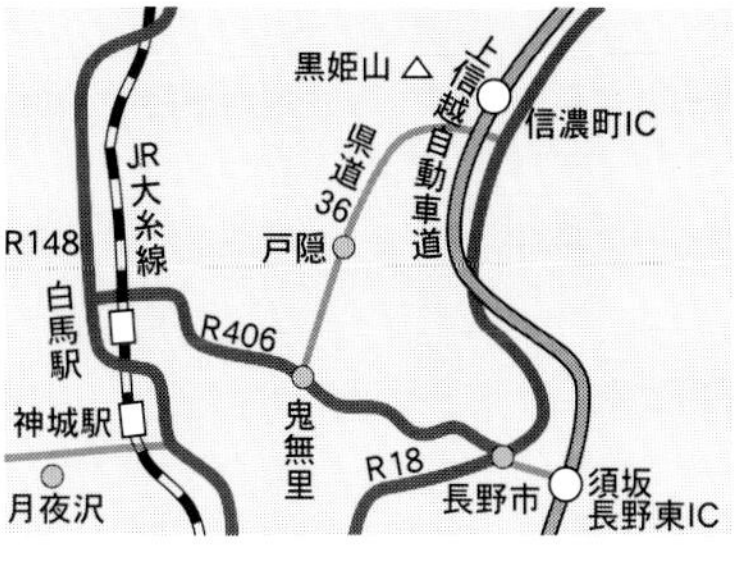

雑木林を歩きたい

木々が芽吹きはじめる前から、里の雑木林を歩く。花を撮影することだけが目的ではなかった。芽吹きがはじまる前の木々は生気がみなぎっていて、そこに身を置くことに爽快感があるのだ。冬が終わると、兎《と》にも角《かく》にも雑木林を歩きたくてしかたない。

出会う花は黄色が多い。いずれも近づかないと目立たないが、光の化身のような温かさがあ

マンサク

る。

　その中のひとつ、マンサクが印象的だ。木々の間から枝を山道に差し出すように伸ばし、ちぢれた黄色いリボンを十字に結んだ形の花をつけている。光が後ろから差しているときに風が吹くと、金色が騒《ざわ》めく。ああ、今年も出会えたという喜びに満たされる。

　蕾をたくさんつけた花穂をさげているキブシも、山道の脇でよく見かける。細い枝先に長い花穂が等間隔で並んでいるので、舞妓《まいこ》さんの髪飾りを思わせる花だ。ルーペで見ると、花は長さ七ミリほどの黄緑色の鐘形で、半開きにまるまっている。

　ダンコウバイにもよく出会う。どの枝も鈴生《な》りに黄色い花をつけているので、遠くからでも

キブシ

それと気づく。大きく見えた花は、近くで見ると小さな花の集まりであることが分かる。

この季節は陽気が変わりやすい。

どんよりとした暖かい日が続くかと思えば、春雷をともなって叩《たた》きつける激しい雨が降る。

北アルプスを越えてきた寒冷前線が通過するとき積乱雲が発達したもので、頭上ではじまる最初の一発から窓ガラスを震《ふる》わす大音響が鳴りひびく。毎年恒例で、北アルプス北部の麓《ふもと》では必ず一度や二度はある。

春雷は鳴っても長くは続かないといわれる。しかし、この地域では長時間にわたり派手に暴れることが珍しくない。

月夜沢の森

カラマツとコブシ

山笑う月夜沢《つきよざわ》

白馬村・月夜沢の雑木林の芽吹きは、北アルプス北部の雑木林のなかでは、とりわけ美しい。

ＪＲ大糸線の神城《かみしろ》駅で下車、南脇を流れる犬川に沿う道を数百メートル遡《さかのぼ》った南側の雑木林である。なんといっても、ここは森の色合いが素晴らしいのだ。

五月上旬になると、晴れたからといっては訪れ、雪が降ったからといっては訪れた。

ニリンソウ

この雑木林の芽吹きは、山裾に深い青竹色をしたカラマツ、その上は明るい若葉色のミズナラ、さらに上は黄緑色のブナが混ざっていて、木によって色合いと樹形が違う。

さらに純白のコブシと、ひときわ濃い紅色のオオヤマザクラが点々と彩りを添えている。

コブシは、雑木林でひときわ目をひく。高さ十数メートル、卵形に枝を広げ、鈴生りに白い花をつけているからだ。冬の気配が半年も続く森が、いま目覚めたことを知らせているように感じられる。

月夜沢をさらに奥に入ると、芽吹きのころ、水辺で咲くニリンソウの群生に出会う。白梅くらいの花を二つつけている清楚な花である。縁に薄紅をさした花も見かける。

このあたりまで来ると犬川は谷のように細くなり、流れる水音がいつも聞こえてくる。幾筋もの沢の残雪と、尾根の萌え木が迫っている。

腰をおろして休んだ。ふと、スミレが咲いていることに気づいた。葉がハート形で、青紫の花をつけたタチツボスミレである。

このスミレは、咲きはじめは草丈が数センチしかないが、花が終わるころには二〇センチほどに伸びる。

雪深い黒姫《くろひめ》山の麓

上信越自動車道を北に向かって善光寺平《ぜんこうじだいら》の信濃町ＩＣに近づくと、西にすり鉢を伏せた形の黒姫山が近づいてくる。

その昔、中野の城主に黒姫という美しい姫がいて、その山の主の大蛇が黒姫を見初《みそ》めた結果、姫は山の頂にある沼に身を投げたという伝説がある。黒姫山は黒緑に見える。これはツガなどの針葉樹に覆《おお》われているからだが、そのことが暗い伝説を生むことになったのかもしれない。しかし、麓を訪れると明るい雑木林があり、芽吹きがみずみずしい。

ミネザクラ

ミズナラ、カラマツ、シラカバの林に、オオヤマザクラとコブシがちりばめられている。

　木全体が黄色に見えるバッコヤナギとイタヤカエデも混ざっている。白馬村・月夜沢との大きな違いは、残雪がいっそう深いことと、道ぞいにミネザクラが点々と咲いていることである。

　そのミネザクラは、世界で唯一ミヒャエル・エンデの資料を展示している「黒姫童話館」付近一帯と、ここから杉野沢《すぎのさわ》に向かう杉野沢黒姫停車場線ぞいの雑木林でたくさん見かけた。

　本来、中部山岳では標高一五〇〇から二五〇〇メートルくらいで見かける花だが、ここでは車道の脇で咲いている。

　根元から数多く分岐した細い枝が地を這《は》って

黒姫山

立ち上がり、少し小ぶりで淡い紅色の花をパラパラとつけている。亜高山帯で見かけるのと、少しも変わらない姿である。
　この地がいかに雪深いかを物語っている。
　カエデ類の芽吹きの色に驚かされる。紅葉《もみじ》と見間違えるような、赤や黄に見える種類がある。何というカエデなのか、調べなければならないと思っている。
　やがて、南風で暖かい雨が降るようになると、木々はひと雨ごとに緑が深くなり、心ひかれる芽吹きの季節が終わってゆく。

ブナの森へ

〝抱かれている〟という心もちがするのは、芽吹きのころのブナ原生林である。若緑一色の森を純白のオオカメノキや赤いユキツバキの花が彩る。林床の草花が木漏れ日を浴びて咲いている。訪れるたびに心があらわれた。

鬼無里《きなさ》のブナの原生林

戸隠《とがくし》山の北西の山中に、中部山岳でも指折りのブナの原生林がある。鬼無里村を流れる裾花《すそばな》川《がわ》を辿《たど》り、高さ数十メートルもある垂直の断崖や、千畳敷《せんじょうじき》と名づけられた巨大な岩が迫る渓谷を遡った山奥である。

ブナ原生林の南側に、ミズバショウ群生地がある。狭い範囲に八一万本が密生していて、本州一とも日本一とも称される。花の最盛期が過ぎ、ミズバショウの巨大な葉が目立つようにな

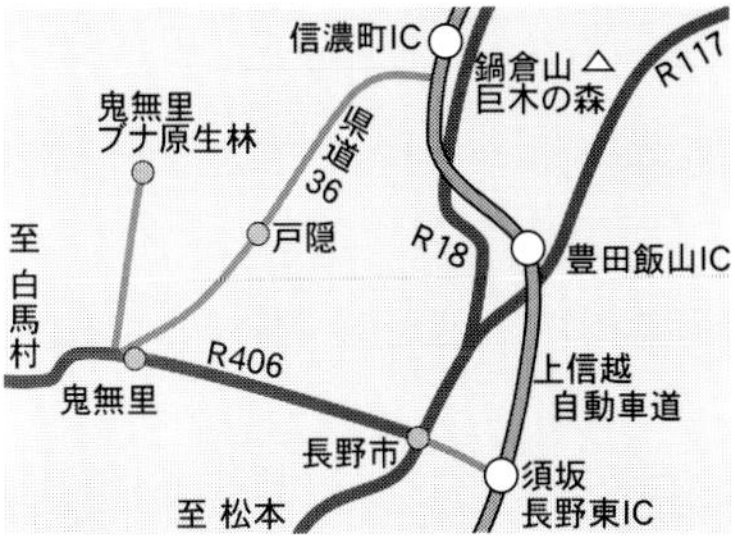

ブナの原生林

る五月半ばすぎ、雪が解けブナ原生林を巡る道が通れるようになる。

訪れたのは雨の日だった。駐車場からブナ原生林へ向かうと、あたりの山々から霧が立ち上っていて、東山魁夷《ひがしやまかいい》画伯が描いた唐招提寺《とうしょうだいじ》障壁画の「山雲」を思わせた。刻々と変わってゆくその情景は身にしみて感じられ、静かなやすらぎに包まれた。霧が湧く山の情景ほど、清らかな心へ誘ってくれるものはない。

ブナ原生林に入って林道を直進する。森の奥は雨にけむって白っぽくかすみ、どこまでも続いている。なんだか心が空っぽになって、非日常の世界に入ってゆく感があった。

左奥に吉池がある地点で、標識に従って右にとりブナ原生林を巡る山道に入った。濡れた落ち葉の道となり、やわらかくてしっとりした感触が伝わってくる。

ブナの木の模様

箒《ほうき》くらいの大きな筆に墨を含ませ、幹に対し水平の方向に筆を走らせたかのような、美しい模様があるブナの大木が目にとまった。雨の日は幹を水が流れ落ちるので、幹の模様がくっきりと現れるのだ。美しい抽象的なその模様は木の風貌であり、ブナという木の品格が感じられる。雨があがった後、梢《こずえ》や葉から落ちてくる雫《しずく》の音も、心があらわれるようで気持ちがいい。

この季節、森の道を飾るかのように点々とあるオオカメノキの花に魅せられる。視界いっぱいの緑の中に、端正な一重の白い花をちりばめている。

日当たりの具合だろうか、オオカメノキは場所によって咲く時期が違っていた。まだグリーンピース色を帯びた蕾ばかりの木があるかと思えば、白い花を道いっぱい

オオカメノキ

クロモジ

にちりばめてしまっている木もあった。

葉が空を埋めつくすブナの森にも、草花が咲く。ブナ原生林を巡るコースを中ほどまで進むと、左側が裾花川の支流へ切れ落ちている場所に出る。この付近でオオイワカガミが毎年花をつける。淡い紅色の漏斗《じょうご》形で、先が細かく裂けた花の形や大きさは変わらないが、葉がひと回りもふた回りも大きい。なかには手のひらほどもある葉を見かけた。

しばらくすると、直進してミズバショウ群生地である今池へ向かう道と、右へ曲がって往路へ出る道に分かれる。

往路への道をとり深いブナの森を行くと、やがて道脇に点々と咲くサンカヨウに出会う。大きく広げた二枚の葉の間から細い茎を伸ばし、梅の花そっくりの白い花を五つ六つつけている。ほのかな甘い香りを漂わせた、上品で清楚な花だ。

往路の林道に出て、駐車場に向かった。往くときは気づかなかった、クロモジの花が目にとまった。黒い枝の先に、淡い黄色の可憐な花が束になってぶらさがっている。

すでに花期が終わっているのに、いちばん下の一本の枝だけが、今を盛りにたくさんの花をつけているオオヤマザクラがあることにも気づいた。満開時に不意の事故に遭っても、後に咲く花に命を託すことができるからであろうと思った。植物の知恵には、いつも感動を覚える。

鍋倉山《なべくらやま》の巨木の森

五月下旬、飯山市から東に向かって車を走らせた。北側に連なる関田《せきだ》山脈の緑が美しい。その中央にある、大きな兜《かぶと》形の鍋倉山が目をひく。この山には巨木の森と呼ばれるブナの原生林があり、新潟県境の関田峠近くに登山口がある。

除雪が終わるのを待って関田峠へ車で出かけた。峠の一キロほど手前にある、巨木の森へ続く山道から登った。

ユキツバキ

一帯は信州でいちばんの豪雪地帯だけあって、山の斜面の木々は根元がすべて弓なりに曲がっていた。山肌は雪に覆われているが、ブナの根元だけは丸く解けていた。根元は風が吹き走ることから雪のしまりがゆるいことと、木のぬくもりで、雪解けが早いのだそうだ。そのわずかな根元の土に、早くもブナの双葉が芽生えていた。

巨木の森に入ってまず見つけたのは、森姫《もりひめ》と呼ばれるブナだ。目通りで直径が一八〇センチほどある大木だが、姫と名づけられているだけあって、なめらかな木肌であった。見上げると、若葉を透かし木漏れ日《こもれび》がきらきらと輝いていた。

森姫の下で、しばらく休んだ。積もった雪から枝先だけが出ているユキツバキが、赤い花をつけていた。

突然、灌木が雪を撥《は》ね上げ、大きく揺れた。冬のあいだ雪に埋もれ押さえつけられていた幹が解放された瞬間だ。近づいてみるとオオカメノキであった。枝先はすでに地表に出ていたのだろう、茶色の冬芽が開きはじめていて、中から浅緑の新芽が今にも飛び出そうとしている。

森姫

森太郎

豪雪地を生きる木々の生活を目の当たりにして、その力強さを感じた。

森太郎《もりたろう》と呼ばれる、目の高さの直径が一八〇センチ以上あるブナには、巨木の森の上部で出会った。茶碗やどんぶり鉢ほどもあるコブを全身にまとって立つ姿が、伽藍守護の神である仁王を思わせた。その堂々とした幹の樹冠には、若緑の葉がそよいでいた。

巨木の森

ブナの芽吹きのスピードは、一日で森全体が緑でふくらむほどに早いと聞く。深い山であるからその日に出会うことはむずかしいが、芽吹きはじめの日、この森を訪れ、一日を過ごしてみたいと思った。

山岳展望

名高い山々がそびえる信州。その山々に登るのもよいが、のんびり眺めるのもまたいいものである。緑が山を駆け上る初夏、紅葉が駆け下る初秋、初冠雪のころ、季節ごとに山の表情が違っていることも、楽しみである。

アルプスの展望台・美ヶ原《うつくしがはら》

あちこちから山を撮影してきたが、美ヶ原の眺望は比べるところがないほど素晴らしい。中部山岳の山々が三六〇度見渡せるだけでなく、頂上にホテルがあるので、朝日、夕日の劇的なシーンが容易に撮影できる。

南東は、南アルプス、富士山、八ヶ岳。東は噴煙をあげる浅間山が、黒斑《くろふ》山、高峰山、湯ノ丸山、四阿《あずまや》山などを従えている。北は、二重式火山の妙高《みょうこう》山、三角錐の火打《ひうち》山、鋸を思わせる

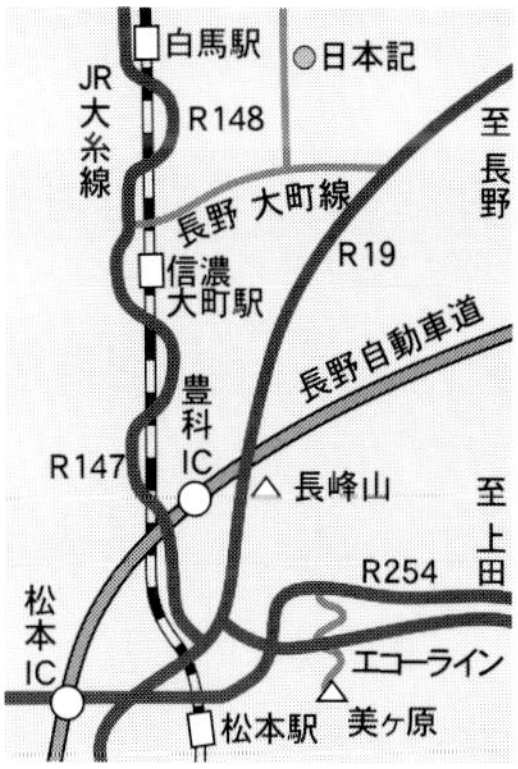

雲海と槍・穂高連峰

戸隠山、どっしりした黒姫山が肩を寄せ、西は白馬三山（白馬岳・杓子岳・鑓ヶ岳）から劔岳、立山、槍・穂高連峰へと連なる北アルプスが一列に並んでいる。南西は御嶽山が長いスロープをひき、その左は中央アルプスの山々が続く。

深田久弥の「日本百名山」のうち、四七座が見えるという。三〇〇〇メートルを超える日本の山すべてが見える。

秋は、三六〇度見渡すかぎり雲海が広がり、王ヶ《おうが》頭《とう》の真下まで波が打ち寄せる日が珍しくない。先にあげた山々がすべて小島のように見える。雲海の波は見つめていれば動かないようでも、他に目を移したつかの間に形を変えてゆく。

いつの間にか、すべての雲海が消えてしまうこともある。その時間は意外に早く、一時間に満たないこともあった。また、一日中雲海の日もあった。

美ヶ原の西端の王ヶ鼻《おうがはな》でも雄大な雲海を幾度も体験した。夕暮れどき、王ヶ鼻の真下の岩場から槍・穂高連峰までが雲海となり、日が沈む直前、斜光に照らされた雲海の波頭が紅く染まった。槍・穂高がブルーグレイのシルエットで浮かび、空が菫《すみれ》色に染まる。やがて夕闇が迫り、雲海の波間から松本平や安曇野の灯が見えてきた。その間およそ一時間、只ただ見とれていたことが思い出される。

安曇野の展望台・長峰山《ながみねやま》

安曇野の東に位置する、長峰山からの北アルプスの展望も素晴らしい。頂上に木造の展望台があり、眼下に安曇野が広がっていて、その先に北アルプスの山々が並ぶ。作家・井上靖《いのうえやすし》氏が、日本画家・東山魁夷画伯が、ここからの眺めを絶賛したという。

暗いうちに長峰山を訪ねたことがある。東の空がしらみはじめてくると、安曇野に薄いベールが掛けられていた。川霧である。空には星が、里には霧に霞《かす》んだ街の灯がちりばめられてい

長峰山からの安曇野と北アルプス

て、カンディンスキーの絵「馬上のふたり」と重なった。
カンディンスキーは音楽を愛し、色彩をオーケストラの楽器の音色に重ねて考え、さまざまな色と形が複雑に入り込んだ抽象画を多く描いた画家である。抽象画に入る前の作品「馬上のふたり」に美しさの底知れぬものを私は感じ、画集から切りとって額縁に入れ部屋に飾っている。暮れ泥《なず》む宵闇のなかで寄り添う馬上のふたりと、藍色の空にちりばめられた星とも街の灯ともとれる色彩の美しさは、たとえようがない。夜が明けゆく目の前の情景にこの絵が重なったのは、あたりを支配する神秘的な雰囲気が共通していたからであろう。
カメラをセットした。高瀬川、穂高川、犀《さい》川

味大豆集落と北アルプス

が合流した地点の少し下流に架かる橋の街灯が、ひときわ明るく輝いていた。松本市と長野市を結ぶ国道一九号線を走る車のテールランプが、赤い線を引いていた。

北アルプスの展望台・日本記《にほんぎ》

小川《おがわ》村の日本記近くも、北アルプスの展望が素晴らしいところだ。北部の白馬連峰から南部の蝶ヶ岳《ちょうがたけ》が横一線に並んでいる。その前に、七重八重に重なる山が、北アルプスに打ち寄せる波のように見え、この地ならではの美しい山岳景観をなしている。

日本記の近くに味大豆《あじまめ》という小さな集落がある。藁葺《わらぶ》き屋根ばかりの民家およそ二〇戸ほどがちらばっていて、日本むかし話の絵本から抜け出したような里だ。屋根は空色や小豆《あずき》色のトタンがかぶせてあるが、自然と調和している。

ここから東側の山を見あげると、山の中腹の森の中から大きな岩が突き出ている。道はないが、雑木林の尾根をたどり幾度もその岩の上に登った。ここからは、民家が点在する味大豆の集落を前景にして北アルプスが見える、叙情的な景色が広がっている。

わけても夕暮れどきの雰囲気が素晴らしい。南北一〇〇キロの北アルプスが淡い藤色に染まり、手前の山との遠近をなくす。夕映えが醸《かも》しだす、日本画のような情景である。

暗くなるまで岩の上で撮影したこともあった。帰りを考えると心ぼそかったが、端正な白馬三山、右に不帰嶮《かえらずのけん》を従えた唐松岳《からまつだけ》、ひとかたまりの岩山に見える男性的な五龍岳、ひときわ高く天を突く双耳峰《そうじほう》の鹿島槍ヶ岳がシルエットで濃い藍色の空の下に並んでいて、なんだか、金《かな》縛《しば》り状態であった。

とっても静かで、聞こえてくるのは、ときおり木々を渡る風だけであった。

雪が降る

白い糸を引くように、森や山に降る雪。青空や星空に雪が舞う風花。春先のぼたん雪。雪の降る様はいつも物語りめいていて、やがてあたりを真っ白に変えてゆく。そのなかへ身を置きたくて、雪の日は出かける。

信州の冬

里の雑木林が美しく色づくと、冬がすぐそこまで来ていることを知らせるように雪が降りはじめる。

仕事で上京し安曇野に帰るとき、この季節、はっとさせられることがあった。東京では緑であった木々が小渕沢《こぶちざわ》あたりで樺色や黄に色づきはじめ、安曇野で秋色に変わり、信濃《しなの》大町では雪景色になっていたのである。

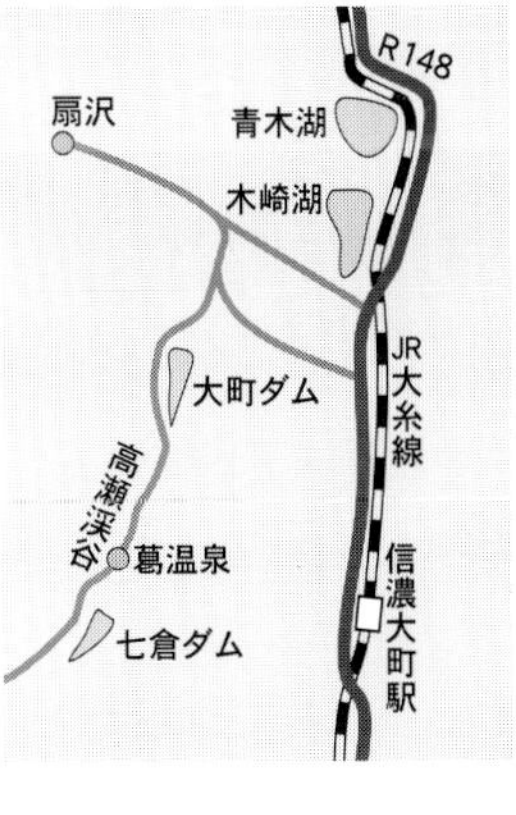

中央本線に乗って車窓の四時間たらずの間に、晩夏から初冬が、目の前を通り過ぎてゆくのだ。だが信州は、これからやってくる冬が長い。霜降《そうこう》、立冬《りっとう》、小雪《しょうせつ》、大雪《たいせつ》、小寒、大寒、みんな目に見えてやってくる。

雪が降る

里での初雪は、一一月上旬である年が多い。ミズナラやカエデの、黄や紅の雑木林に雪が降り積む色合いの美しさを、言葉でなんと表現すればよいのだろうか。初雪の美しさに、木の葉の色あせてしまう淋しさが重なる。これからの長い冬を迎える雑木林が最後に見せてくれる、心細さがひしひしと感じられる景色だ。

晩秋は時雨《しぐれ》がいつしか霙《みぞれ》になり、野も山もモノトーンの世界へと移ってゆく。朝起きて障子《しょうじ》を開け、夜に雪が降ったことを知るのもこの時季だ。あたりがうっすらと白くなっている日もあれば、一面の雪景色が広がっている日もある。すぐに私は車を走らせ、近くの森へ向かう。

高瀬渓谷の森も、その中のひとつだ。この渓谷は、槍ヶ岳、三俣蓮華岳《みつまたれんげだけ》、鷲羽岳《わしばだけ》といった北アルプス奥地の山々が源流である。ありがたいことに、およそ七キロ奥にある七倉《ななくら》ダム近くまで、冬でも車で入れる。

　高瀬《たかせ》入《いり》から渓谷に入るとすぐに、急峻《きゅうしゅん》な山々が迫ってくる。遠近をなくしたモノトーンの針葉樹の森に、深い高瀬の渓谷に、雪が降る。しんしんと降ることもあれば、小雪が白い糸を引いて降ることもある。

紅葉と雪

雪の日

　橋の上からは、雪が舞っているように見える。複雑な風が吹いているのだろう。下から吹き上げられて、目の前でふわふわと漂っていたかと思うと、谷底へと急降下する。このような動きを見守っていると、雪に意志があるように思えてならない。
　子どものとき、雪が降ってくると、心が躍った。大分県

冬の高瀬渓谷

の片田舎のことであるが、年に幾度か雪の日があった。ちらちらと降っていることに気づくと、寒さなど忘れて走り回ったことが懐《なつ》かしく思い出される。小さな雪ダルマをつくったこともある。あのときほど、雪と戯《たわむ》れたことはない。

　雪国信州に移り住んで四半世紀すぎた今も、雪が降ると心が躍る。年によっては幾度も屋根の雪おろしをしなければならないのでたいへんだが、屋根から見る雪景色もまた格別でいい。

　雪が降る様は、いつの時代も見る人にさまざまな思いを抱かせるのだろう。

　俳人中村草田男《なかむらくさたお》は、昔日のままにある小学校の校舎を訪れ、折しも降ってきた雪に「降る雪や明治は遠くなりにけり」と、明治を知らない人にも感慨を抱かせる句を詠んだ。

　詩人中原中也《なかはらちゅうや》は「雪の賦」で、「雪が降るとこのわたくしには、人生が、かなしくもうつくしいものに――／憂愁にみちたものに、思えるのであった。」と綴《つづ》っている。
雪国の多くの人も、雪が降ると、心配や悲しみで心が沈む。けれど、降る雪は美しい。時には、物語めいてさえいる。

雪国の気象

稜線にできた雪のひさし

冬の北アルプスは、北部と南部では気象が違う。後立山《うしろたてやま》連峰とも呼ばれる北部の山々は日本海側の気象であることから、冬の大半が鈍色《にび》の雪雲に覆われている。対して南部の山々は太平洋側の気象の影響を強く受け、晴れる日が多い。

北アルプスに降る雪は、地形を変えた。北部の山々は信州側がスコップで

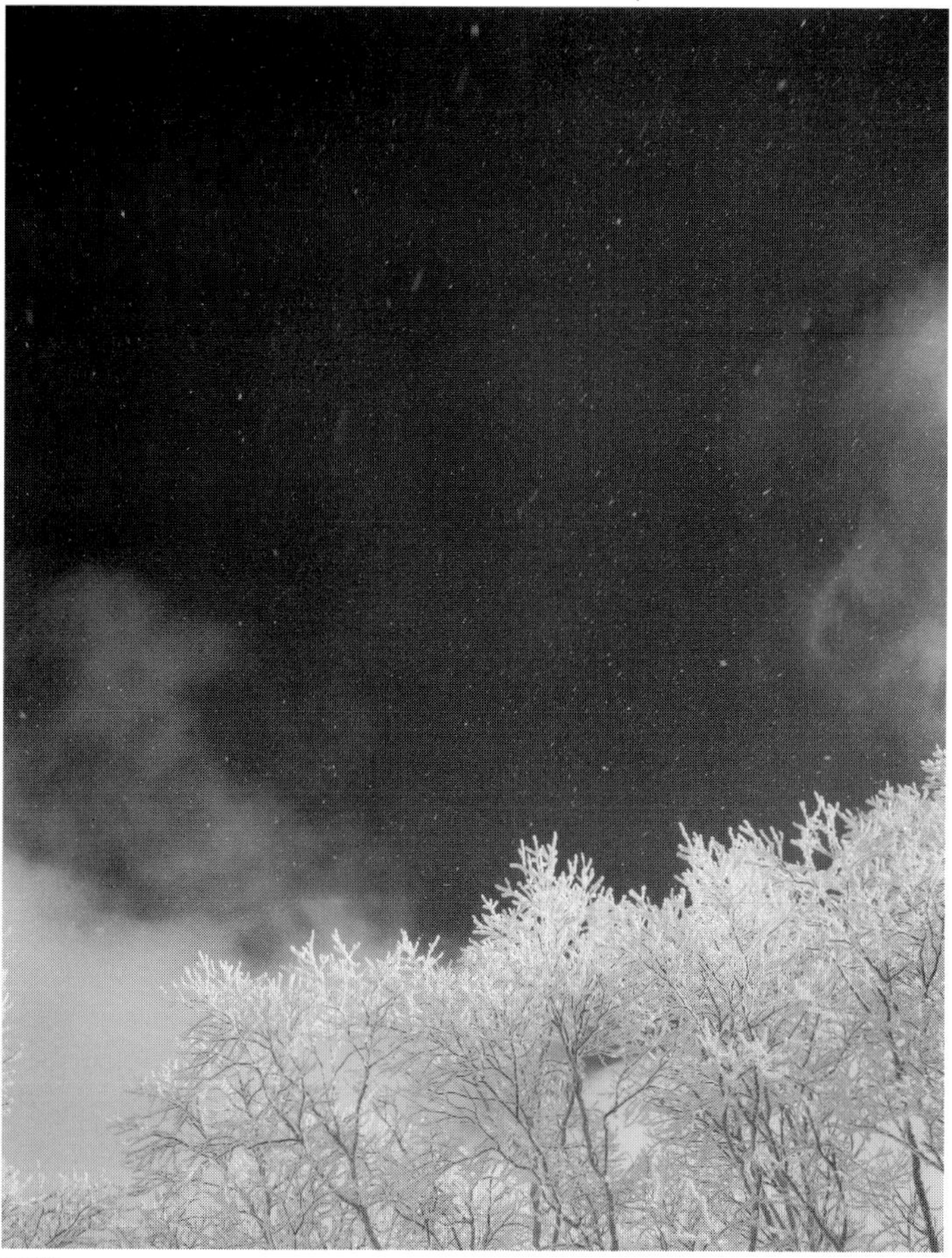
風花

縦に切り取ったような断崖であるのに対し、富山県側はゆるやかな傾斜となった非対称山稜である。

これは山地が隆起するとき西に傾くような上昇をしたというだけの理由ではない。北西からの季節風が山の稜線の信州側に巨大な雪のひさしをつくり、この雪のひさしが壊れ落ちるとき東側を削ることから、信州側がスコップで縦に切り落としたような非対称山稜になったという。ちらちらと降る雪に、そのような力があるとは想像すらできない。

北アルプス北部の気象の特徴がもうひとつある。稀《まれ》ではあるが、風花《かざはな》が見られる。風花は、青空であるのに降ってくる雪のことだが、はじめて見たのは夜であった。

ふと窓を開けると、星空であるのに、窓の光に照らされて雪が降っている。信じられない光景であった。後に、北アルプスに降っている雪が北風に運ばれてきたものだと知った。だが、今も出会うたびに、風花は不思議に思える。神秘的だと思う。

第三章　花の城邑《じょうゆう》

花の里

草木も待ち焦がれているのだろう。信州に遅い春がやってくると、桜も杏も桃も、短い期間に競って咲く。それまで冬姿であった里がある日突然、花の里に変わってゆく。だがすぐに、惜しげもなく散ってゆく。

花の森・高遠

信州の桜の名所はたいていエドヒガン桜の大木だが、高遠《たかとお》はコヒガン桜の森である。城址を彩る淡い紅色のコヒガン桜は一五〇〇本を数え、〝天下第一の桜〟と称されている。四月に入ると、間もなく咲くのではないかと気にかかる。桜の森の規模が素晴らしいことや、少し小ぶりの上品で美しい桜であるというだけでなく、屋根瓦が美しい山裾《やますそ》の町並みを訪ねることも楽しみである。

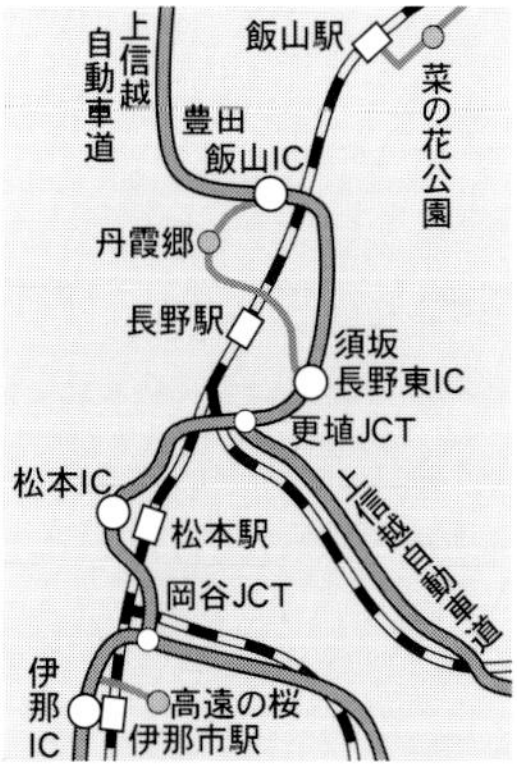

桜雲橋の桜

訪れた日、天候に恵まれた。太鼓櫓《たいこやぐら》付近から中央アルプスを借景にした桜が楽しめた。太鼓櫓に登ると、桜に手が届いた。花を透かして、歩く人々が俯瞰《ふかん》できた。

空堀から見上げた、桜雲橋《おううんきょう》付近の桜も見事であった。左右の土手から、桜が空堀を覆《おお》うように咲いている。空堀の小さな池からも撮影した。どこからともなく、花びらが次から次に水面に落ちてきた。

夜桜がまた素晴らしかった。たくさんのぼんぼりに灯がともり、夜店が軒を連ね、桜がひときわ紅く見えた。

撮影を終えたあと私も花を楽しんだが、どこか淋しさが拭《ぬぐ》えない。次回は仕事ではなく、花仲間と訪ねたいと思った。

それから幾度となく高遠の桜を訪ねた。花の盛りを過ぎていたこともあったが、そのときは花の散る様が印象に残っている。

惜しげもなく、風がなくても、ちらちらと雪が降るように散る。堀にかかる橋に、空堀に、そして池に散ってゆく。花の盛りが華やかであるだけに、散りゆくときのはかなさが哀れをさそう。

落ちてきた花びらを手で受けた。わずかに、しっとりとした感触があった。たった一枚の花びらが大切に思えた。

雨に打たれて散ってゆく年もあった。一陣の風で散る花吹雪とは違って、春の終焉を思わせる風情があった。

北信濃の丹霞郷《たんかきょう》

美しい桃畑が広がる丹霞郷は、信州と越後を結ぶ北国街道の、飯綱《いいづな》町平出《ひらいで》にある。桃畑が広がっているところが何ヵ所もある善光寺平にあって特にここが素晴らしく思えるのは、桃畑の地形にある。周囲を堤や丘陵に囲まれていて、桃畑はさながら巨大な競技場を思わせる形であ

丹霞郷

る。

東側の堤から眺めると、この巨大な競技場が花で埋まり、その向こうに人家がちらばっている。さらに奥にはすり鉢を伏せた形の黒姫山、一重式火山の妙高山がそびえている。

桃の花が咲きそろうと夢の世界のようであるが、桃畑の奥に民家が点在していることで、現実に戻れる。心ひかれる風景というのはこのように、自然の中に、どこか人の営みが感じられるときが多い。

丹霞郷と名づけたのは岡田《おかだ》三郎助《さぶろうすけ》画伯で、桃の花が咲き乱れる様を、紅い霞《かすみ》がたなびいているようだとたとえたのである。画伯は、よほどこの情景に心酔したのであろう。

日が西に傾くと、趣が違ってくる。夕日が花を透かし、輝く桃の花がどこまでも続く華やかさは言いようもなく美しい。しかし、やがて山の端に日が沈むと、光を失った花々はあっという間に生気を失う。妙高や黒姫の山々が淡い群青色に染まり、なんだか淋しい色合いに変わる。

いつだったか。撮影が終わってから堤に腰をおろし、暮れてゆく様を眺めているとき人の気配を感じた。

あたりを見ると、初老の絵描きさんがキャンバスを片付けもせず、筆をとるでもなく、景色を眺めている。

先ほどまでの華やかな情景の余韻にひたっているのだろうか、それとも暮れ泥《なず》む春の空に遠い日のことを重ねているのだろうか。絵描きさんにとって、ここは桃源郷なのだろう。

奥信濃《おくしなの》の菜の花畑

千曲川《ちくまがわ》ぞいの田園を黄色に染める奥信濃の菜の花畑は、〃菜の花畠に入日薄れ、見わたす山の端霞ふかし〃と歌われた学校唱歌「朧月夜《おぼろ》」のふるさとだ。ここで生まれ育った国文学者・高野《たかの》辰之《たつゆき》が、ふるさとを思い浮かべながら作詞したという。

菜の花公園と千曲川

今も長閑《のどか》な飯山市瑞穂《いいやましみずほ》の丘陵地に、〝菜の花公園〟がある。駐車場からわずか一〇メートルほど高いだけだが、展望が素晴らしい。一帯は菜の花畑が広がっていて、北に千曲川の緩やかな流れが、遠くに北信濃の斑雪の山が見える。

はじめて訪れたとき、ほのかに甘い菜の花の香りで、子どものころ菜の花畑で遊んでいたことが思い出された。

花が目の高さくらいであったからか、甘い香りと、葉に触れたときのやわらかな感触を覚えている。

撮影しているとき、菜の花畑を渡ってくる風がここちよかった。その風にのって紋白蝶が飛んでいた。ときおり、管理棟から「朧月夜」のメロディーが流れてきた。遠くから電車の走る音も聞こえてきた。

夕暮れどきはいっそう雰囲気がある。夕日に照らされた菜の花が、ひときわやさしい色合いに見える。田園に千曲川だけが白く浮かびあがり、奥信濃の山が若葉色に霞んでいる。

〝山はあおき故郷、水は清き故郷〟と、「故郷」の歌詞をくちずさんでみた。ここには、戦後の日本が失った多くが残されていると、あらためて思った。

花の名山・白馬岳《しろうまだけ》

私たちが暮らしている里のすぐそばに、「花の王国」がある。その昔、幾度かあった氷河期のたびに、大陸と陸つづきであった日本列島に北極周辺などから氷河とともにやってきた、寒冷植物の末裔である。

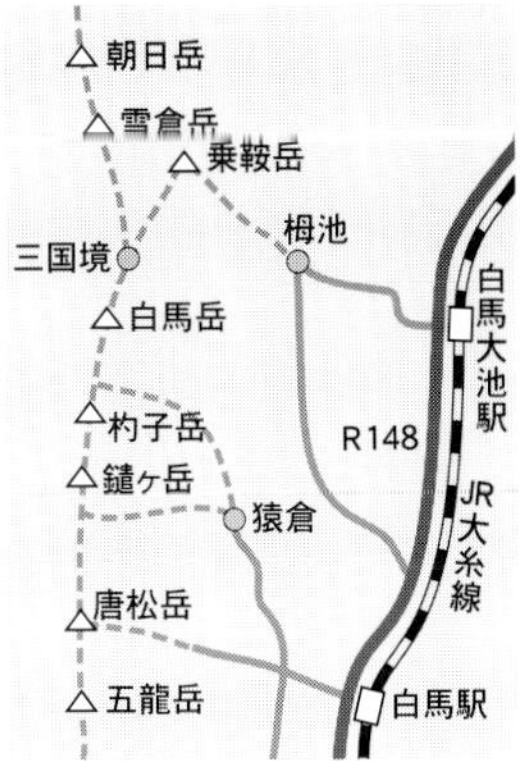

はじめての北アルプス登山

人生には、それまで考えたこともなかったのに、ある日突然何かを始めたくなることがある。朝な夕なに北アルプスを見て暮らしはじめると、翌年から毎年、初夏から秋にかけて、五〇〜六〇日ほど北アルプスを歩くようになった。山は人を虜《とりこ》にしてしまう、何かがある。

人それぞれに違うだろうが、私の〝何か〟は花であった。厳しい自然のなかで懸命に花をつけている姿を目にして、深く心を動かされた。控えめで、飾り気がなく、健気なその姿を美し

ウルップソウが咲く構造土

いと思った。

高山に私が登るようになったきっかけは、地元の中学と高校の生徒が北アルプスに集団登山をしていることを知ったからであった。また、信濃大町駅や白馬駅では、老若を問わず、ザックを背負った人たちが登山口行きのバスに乗り込んでいる姿をよく目にするからであった。私も、登れるのではないかと思えるようになったのだ。

はじめての北アルプス登山は、高山植物の宝庫として知られる白馬岳であった。昭和五七年、白馬岳の開山祭に参加して大雪渓を登り、頂上へ立った。景色より、目にした高山植物のことをよく覚えている。段々畑を思わせる頂上付近の構造土で、濃い紫色の花をつけたウルップソウ、稜線の岩場で小さな葉をマット状に寄せ白い花をつけたイワウメ、頂上直下の垂直の断崖で点々と咲いていたイワオウギなどである。

一泊二日で白馬三山を縦走して下っただけの山行であったが、私も高山に登れることを体験でき、考えが変わった。下山して一週間後には再び白馬岳へ登り、里へは一ヵ月間おりないで白馬連山高山植物帯を歩いた。

イワウメ

白馬大雪渓

ひと月といえば長いようであるが、あの山この山と訪ねるうち、あっという間に過ぎた。花を撮影しながら、こんな世界があったのだと、とても幸せな気持ちに包まれた。

花の王国

〝白馬のお花畑〟が鮮烈によみがえる。白馬大雪渓《だいせっけい》を登り、小雪渓《しょうせっけい》を横切ってさらに少し登った稜線直下である。雪渓の脇に金細工を思わせるミヤマキンポウゲが群生し、それより少し大きくて濃い黄色のシナノキンバイ、純白のハクサンイチゲが彩りを添えている。

氷河のキズ跡が残る大岩を残雪が縁どり、その周りを薄紅のハクサンフウロが星をちりばめたように取り巻いている。沢ぞいでは、黄色い花穂をつけたオタカラコウや、白い大きな花序のオオハナウド、青紫色で唇形の花を葉の脇ごとにつけたミソガワソウなどで埋めつくされている。

なぜこれほど色とりどりの花が集まっているのか、不思議に思えた。お花畑は、冬は頻繁に雪崩《なだれ》が起こる地形であることから木が生えても雪崩に流され、地中の根茎で生きてゆく草花ばかりの世界となっていることを、後に知った。雪解け水が豊富であることから、草丈のある多

白馬のお花畑

種多様な花が集まっていることも知った。

対して、稜線の岩場や礫地では草丈の小さい花が多い。先にあげたウルップソウをはじめ、イチゴの葉にそっくりでひときわ美しい黄金色の花をつけたミヤマキンバイ、ひと目でマメ科の花と分かるオヤマノエンドウなどである。いずれも草丈が一〇～二〇センチほどであった。お花畑でよく見かけるハクサンイチゲも咲いているが、ここでは草丈が低い。

礫地で咲く花は、ひときわ厳しい自然であるだけに目をひく。他の植物が入ってこられない岩礫地《がんれきち》で咲くコマクサは、その代表と言えるだろう。白馬岳一帯では、白馬岳頂上から北に向かった三国境《さんごくざかい》の西側が群生地だ。登山道から少し離れた斜面の岩礫地が、ほどよく薄紅に染ま

コマクサ

っている。日が西に傾く時刻に訪れたときは、花が逆光に輝いて浮かびあがり、その数が多いことに驚かされた。

コマクサは杓子岳《しゃくしだけ》の頂上直下の西面にも群生している。太陽が少し高くあがり、西斜面に光がまわるときが素晴らしい。山腹を横切る道から、花が透けて見える。細かく裂けた白っぽい葉との色合いが美しい。高山植物の女王と称されるのはこういうことかと、見とれた。

岩場で咲く花の風情は格別だ。たとえ一輪であっても、輝く命が感じられる。忘れな草によく似ているミヤマムラサキ、組み紐を思わせる細い葉が目をひくイワヒゲの小さな白い花、先端が紅をさした鐘形のツガザクラなどである。懸命に花をつけている姿を見ていると、健気に思える。

このような花との出会いを重ねていて、ひと月があっという間に過ぎた。いろんなことが絡んだ娑婆《しゃば》の心がいつしかときほぐされ、夢心地であった。

白馬山荘、白馬大池山荘、鑓《やり》温泉小屋、朝日小屋で、山小屋の人たちとよく飲んだ。なかでも白馬山荘が思い出深い。展望売店と名づけられた喫茶棟で静かに飲んだ。山小屋で働く人たちは総じて言葉数が少なかった。一日が終わって、ほっとした気持ちであるに違いない。私も同じだった。

みんなで、星空を見ながら飲んだこともある。山荘の屋根から槍・穂高岳《ほたかだけ》へ天の川が架かっ

ミヤマムラサキ

稜線のお花畑

ていた。ピラミッド型の劔岳や、台形の立山がシルエットで見えていた。ときおり、星が流れた。

弓張月に薄雲がかかっていると、夜の明るさが微妙に変わった。ぼんやりと見ていると、なんとも言えない淋しさがあった。

振り返ると、はじめて登った高山が白馬岳であったことが、幸せであった。

日本一の花の名山というだけでなく、山小屋の人たちの気配りと、私のような仕事をしている者にとても理解がある経営者であったからだ。後に、国の特別記念物である白馬連山高山植物帯を『花の王国』（新潮社）と題して写真集にまとめることができたのも、皆さんの力添えのおかげであると、深く感謝している。

朝日小屋のおやじさん

朝日岳の花を撮影するために訪ねた昭和五八年のこと。梅雨期であるとはいえ風雨が強くて、一週間も朝日小屋に閉じ込められた。意気消沈していたところ、おやじさんがお菓子をつくって、声をかけてくれた。

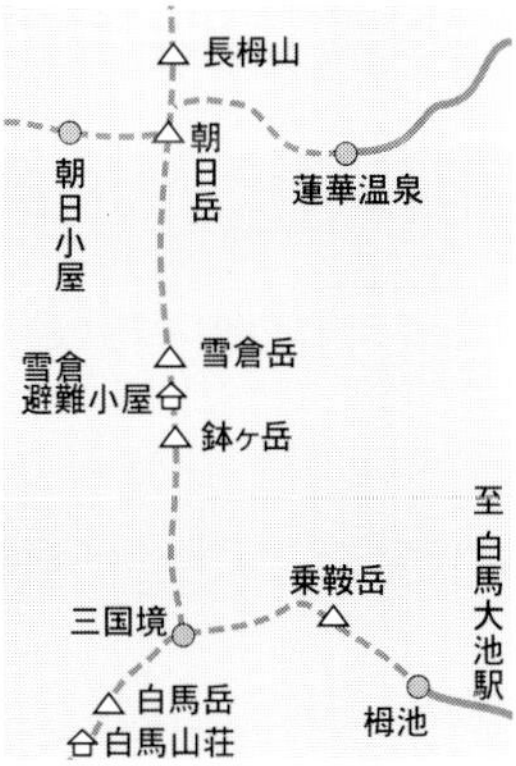

朝日岳《あさひだけ》への花の道

鉢ヶ岳《はちがだけ》、雪倉岳《ゆきくらだけ》、朝日岳。白馬岳から北へ、緑が美しい山が続いている。望遠鏡を使うと、おわんを伏せた形の朝日岳の左側に、赤い屋根の朝日小屋が見える。その先は日本海だ。

昭和五八年から、朝日小屋によく通った。白馬岳から数日かけて往復した。これほどの遠回りもないだろう。だが、白馬岳から朝日岳は花の道が続く、夢のような山域なのだ。

白馬岳を後にして、三国境から北に向かう。砂礫地の下り坂が続き、やがて鉢ヶ岳の鞍部《あんぶ》に着く。左下に、お花畑に囲まれた長池が見える。

鉢ヶ岳は、山腹をトラバースする道を歩くことが多かった。ハクサンイチゲやシナノキンバイのお花畑が二ヵ所あるからだ。

トラバースが終わるころ、道は左上方へ曲がっている。六月下旬、この地点にさしかかったとき、あたり一面が雪に覆われていて道が分からず困ったことがあった。

頂上へのコースを通ったこともある。稜線一帯の西斜面はコマクサの群生地で、白いコマクサも混じっている。しかし、通る人がほとんどないことから道がはっきりしていない。

雪倉避難小屋の手前の礫地は、珍しい植物が多い。超塩基性の蛇紋岩《じゃもんがん》が多いためであると聞く。くすんだ緑と黒の模様がある蛇紋岩の礫が広がっていて、花弁が半分まで裂けたクモマミミナグサ、花を支える苞《ほう》が一対しかないクモイナデシコ、ひときわ濃い紅色のミヤマアズマギクなど、可憐な花が咲いていた。

雪倉避難小屋には、二つの思い出がある。ひとつはこの小屋で経験した山の台風だ。

昭和五八年八月一三日、朝日岳の花の取材をしていて、台風五号、六号の接近を知った。このままでは、予定していた雪倉避難小屋前のお花畑は花が散って撮影できなくなる。すでに強い風も吹き始めていたが、お花畑を撮影したい一心で、翌日雪倉岳へ出発した。

雪倉避難小屋に着いたときは、ときおり顔を見せる太陽が、すぐに黒い雲で閉ざされる雲行きであった。避難小屋の前に広がる目的のお花畑は風にあおられ、大きく波のようにうねっていた。どのくらい時間をかけただろうか、風が止まる一瞬を待っては、シャッターを切り続けた。

ユキクラトウウチソウ、タカネマツムシソウ、ハクサンシャジン、オヤマソバなどが混生した、美しいお花畑を撮影することができた。

しかし、一人で泊まったその夜がたいへんであった。怒濤《どとう》のごとく襲ってくる強風に、小さ

クモマミミナグサ

ユキクラトウウチソウ

朝日岳のお花畑

雪倉岳のお花畑

な小屋は今にも吹き飛ばされるのではないかと思えてくる。過去に、白馬山荘や白馬大池山荘で台風を経験していたが、生きた心地がしなかったのはこのときだけである。

もうひとつの思い出は、夜、避難小屋の周りを、人が歩く足音が聞こえる話である。当時、このことは白馬山荘や朝日小屋ではよく知られていた。だが、この二つの山小屋を歩くにはコースタイムで六〜七時間を要する。花を撮影することを考えると、半ばにある雪倉避難小屋を、どうしても利用しなければならなくなる。

平成元年の七月下旬であった。いつものように白馬山荘を出発、朝日小屋へ向かった。避難小屋に着いたのは夕方であった。私の他に二人いて、三人で泊まった。

食事が終わり、山の話に花が咲き、眠りについたころである。小屋の前を人が歩く足音が聞こえてきた。登山靴ではなく、スニーカーくらいの足音だ。話に聞いていたとおりのことが起きたことに、私たちは身の毛がよだった。三人でこわごわ窓の外を見た。しかし、何も見えない。だが、誰も外に出て確かめることはできない。足音はその後も、小屋の前から聞こえた。

翌朝、頭が朦朧《もうろう》としていたのは私だけではなかった。

雪倉岳の花の道

雪倉岳は花の道が続く。珍しい花では、避難小屋を出て雪倉岳への登りにさしかかるとすぐに、ツクモグサが目につく。白馬岳頂上一帯と、八ヶ岳の大同心の東側にあるお花畑以外では出会ったことのない花だ。

もうひとつ、雪倉岳頂上付近で見かけたチャボヤハズトウヒレンも、他では出会ったことがない花だった。アザミの仲間で、クロトウヒレンを小さくした感じの花であった。

お花畑は、頂上から北に下って燕岩をすぎたあたりが素晴らしい。ミヤマカラマツやオニシ

チャボヤハズトウヒレン

モッケの白い花、紫色のハクサンシャジン、赤いユキクラトウウチソウなどが山の斜面の草地を彩っている。

朝日岳の少し手前の小桜ヶ原《こざくらがはら》は四半世紀前、ハクサンコザクラがたくさん咲いていた。しかし、年を追うごとにイワイチョウなどが侵入し、ハクサンコザクラは少なくなったことが惜しまれる。

小桜ヶ原を過ぎれば、朝日小屋まではもうひと頑張りである。

朝日小屋のおやじさん

朝日小屋は家庭的な雰囲気であった。従業員から「おやじさん」と親しみを込めて呼ばれる下澤三郎《しもざわさぶろう》さんの、お人柄による。はじめて花の取材に訪れたときから二十数年間も通うことに

朝日小屋と朝日岳

なったのは、朝日岳が花の山であるだけでなく、おやじさんがいたからだ。未曾有の水害による登山道の崩壊で、どこからも朝日岳に登ることが困難となった平成七年も、白馬岳から訪れた。

おやじさんは、花について造詣が深い稀有《けう》な人だった。多雪地に咲くユキワリソウやヒメウメバチソウが咲いているところへ案内してくれたのも、花柄《かへい》と萼《がく》が緑色で花冠が純白のカオルツガザクラが咲くところへ案内してくれたのも、おやじさんである。

夕日ヶ原、照葉《てるは》の池、アヤメ平など、朝日岳一帯で撮影した花の群生地をあげるときりがない。そのなかで、小屋から朝日岳へ登る中ほどの斜面を彩っていた、ミヤマトリカブトを撮影した日のことが思い出深い。

ミヤマトリカブトが一面に咲き、ミヤマセンキュウとオオレイジンソウの白い花がほどよく混じっていた。そのお花畑に、まるでカーテンが引かれてゆくように霧が流れ、トリカブトは触れることさえ許されないほど深い神秘的な色を見せていた。花は、出会ったときの気象によってまったく違って見えることを、あらためて感じた。

朝日小屋のおやじさん

トリカブトの群生地は少ないこともあり、それから幾度もこのお花畑を訪れた。しかし、神秘的であったその年のような情景に出会うことはなかった。
平成一二年、おやじさんは亡くなった。翌年から、長女のゆかりさんが朝日小屋を引き継いだ。その年の開山祭で、おやじさんの案内で撮影した花を映写し、皆さんに見てもらった。また、その年の秋にはおやじさんの追悼登山があり、おやじさんを慕っていた一〇〇人ほどの人

ユキワリソウ

たちが一堂に集まった。

小屋でバイトをしていた学生が立派な大人になっていて、時代が移り変わったことを感じた。

それからまた八年が経った。楽しかった朝日小屋のことを思い出すたびに、また登りたいと思う。しかし、膝を少々悪くした私には、遠い山になってしまった。

北岳の花

花の名山・北岳は、南アルプスではいちばんよく登った。北岳の名を冠した植物、北アルプスには分布していない植物など、訪れるたびにはじめて出会う花があった。腰を下ろせば、富士山が向かいにそびえていた。

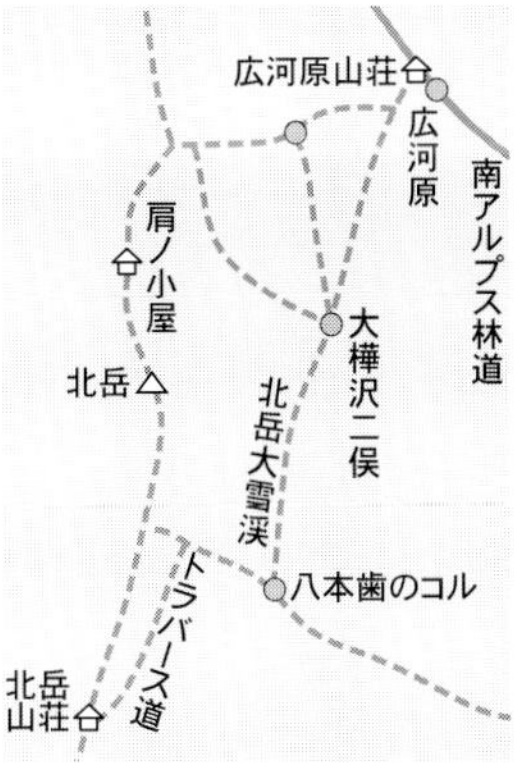

山奥の登山口

初めて訪れた北岳登山口の広河原《ひろがわら》は、山また山の奥であることが私には驚きであった。甲府駅前から乗車した広河原行きのバスが南アルプス市の芦安《あしやす》に入ると、やがて急斜面を走るつづら折りの南アルプス林道が続いた。夜叉神《やしゃじん》トンネルを過ぎてからは、遥《はる》か下に野呂《のろ》川の渓谷を見て奥へ奥へと走った。

終点にひとつ手前のバス停北岳登山口で降りた。もやに霞んだ北岳が、登ることができるの

大樺沢

だろうかと思えるほど高く見えた。野呂川に架けられた吊り橋を渡り、予約した広河原山荘へ向かいながら、明日から出会える北岳の花に胸が高鳴るのを覚えた。

大樺沢《おおかんばざわ》

翌朝、山荘の脇からいきなり樹林へ入り、大樺沢二俣へ向かう。清々しい森の道だ。やがて大樺沢ぞいの道となり、渓流の水音が絶えず聞こえていた。灌木の下で咲いていたセンジュガンピの白い花が目を楽しませてくれた。

しばらく歩き、白根《しらね》御《お》池《いけ》への道を右に分け、二つ目の崩壊地を避けて左岸から右岸に渡って間もなく、北岳が姿を現した。緑の山の端の向こうに頂上から左側が見えるだけであったが、なかなかの威容である。

再び左岸に戻ってしばらく歩くと、北岳大雪渓が見えてきた。雪渓は八本歯のコル直下まで続いていて、その右側に深編笠《ふかあみがさ》を伏せた形の北岳がそびえ、頂上から幾つもの灰色の岩の尾根が麓《ふもと》へ続いている。この岩場が、穂高岳や劔岳とともにクライマー憧《あこが》れの岩登りの殿堂である北岳バットレスだ。

大樺沢二俣付近で驚かされたことがある。北アルプスでは白馬連峰の清水岳でわずかに咲いているのを見かけただけのミヤマハナシノブが、ここではいくらでも咲いている。なぜであるのか私には分からない。意外であった。たびたび立ち止まっては見とれた。

この花の美しさは、いつも控えめな雰囲気を醸《かも》しだしていることだろう。五裂した端正な花冠は薄雲がかかった空色をしていて、なんとも言えない気品が漂う。

大樺沢二俣から、登山道はバットレスを挟んで右と左のコースに分かれる。私は「八本歯」

ミヤマハナシノブ

ミヤマハナシノブのお花畑

の名前にひかれて左コースをとった。

ミヤマハナシノブとタカネグンナイフウロが混生する美しい草地を右に見て、雪渓左岸の道を辿《たど》った。八本歯沢源頭からは急斜面が続き、次々に梯子《はしご》が現れる。右にバットレスの岩稜を見て一歩一歩登りながら、北岳という山の大きさを感じていた。これから訪ねる花を頭に描き、名前を反芻《はんすう》した。

花の小径

稜線に出たところが八本歯のコルであった。向かいの八本歯沢から風が吹き上げていて、近くの草地に咲いているミネウスユキソウ、タカネコウリンカ、テガタチドリ、タカネグンナイフウロなどがそよそよと音をたてていた。

池山吊尾根の八本歯の岩稜を登ってゆくと、左側に北岳山荘へ続く小径がある。北岳で、ここほど珍しい花がそろっている道を他に知らない。吊尾根からこの道に入るとすぐにキンロバイが目をひく。大小の灰色の岩石が敷きつめられた岩の隙間を埋めるかのように、花をつけている。名前のとおり、金色で梅の花を思わせる花だ。ちなみに、北アルプスではこの花に出会ったことがない。

やがて崖道となり、下には草地が広がっていてシナノキンバイが群生し、その先は折り重なる深い緑の山並みの向こうに富士山が長いスロープを引いていた。

キンロバイ

タカネマンテマ

キタダケソウ

岩場が続く細い道を曲がるたびに、色とりどりの花が目に飛び込んでくる。高山でおなじみのミヤマオダマキ、イワベンケイ、ミヤマムラサキなどの美しい花だが、それどころではない。北アルプスにはないハハコヨモギ、タカネマンテマ、キタダケキンポウゲなどが次々に顔を見せるものだから、撮影に追われるのだ。

トラバース道の中ほどであったと思う。ハクサンイチゲに似ているがどこか違う白い花が、ふと目にとまった。花弁が六〜八枚もある。三回三出複葉の葉が重なっていて裂片が丸っこい。今回いちばんの目的の花であるキタダケソウであった。個性を主張する花ではなかったが、静かに咲いている姿に引きつけられた。梔《くち》子《なし》色のシナノキンバイの蕾《つぼみ》が寄り添っていたので、花弁がひときわ白く見えた。

稜線の花々

北岳山荘から北岳頂上へ向かう稜線一帯では、先にあげたハハコヨモギ、キタダケソウ、タカネマンテマ、キタダケキンポウゲなどの珍しい花をはじめ、ムカゴユキノシタ、イブキジャコウソウ、コケモモなどに出会った。

北岳のお花畑

お花畑では、ハクサンイチゲが群生していた頂上直前の西斜面が素晴らしい。北岳の稜線でいちばんのお花畑だろう。本来ハクサンイチゲの群生は水が潤う雪崩草原であることが多いのだが、北岳では岩礫の斜面を埋めつくしていたことが印象深い。ところどころ、黄色いイワベンケイやウラジロキンバイ、濃紫色のミヤマオダマキが彩りを添えていた。

キタダケキンポウゲ

北岳頂上は南北に細長い台地で、ところどころ大きな岩が突き出ている。仙丈岳《せんじょうだけ》、甲斐駒ヶ岳《かいこまがたけ》、鳳凰山《ほうおうざん》など、南アルプス北部の山々がすぐ近くにそびえていて、遠くに八ヶ岳、北アルプス、富士山が見晴らせた。日本第二位の高峰の展望に、只ただ見入った。

地図を広げ、コンパスを使ってその山々を確かめていて、ふと気づいた。野呂川が北岳の西から北、東をぐるりと半周している。さらに驚いたのは、南アルプス林道が広河原から西に弧を描き、野呂川出合で北沢に入り、北沢峠を経て信州側の戸台《とだい》まで続いている。南アルプス林道の存在を知ってはいたが、このようなところを通っているとは知らなかった。その方角の山や渓谷を見ながら、南アルプスを横断する林道があることに感じ入った。いつの日か、バスに乗ってこの林道の全区間を走り、車窓から、色とりどりの花が咲いていた北岳を眺めたいと考えた。

中央アルプス

標高二六〇〇メートルの、千畳敷カールまでロープウェーで登れる中央アルプス。気軽にゆけることから、花仲間とトレッキングで幾度も訪れた。放送局の仕事で、夏も秋も訪れた。

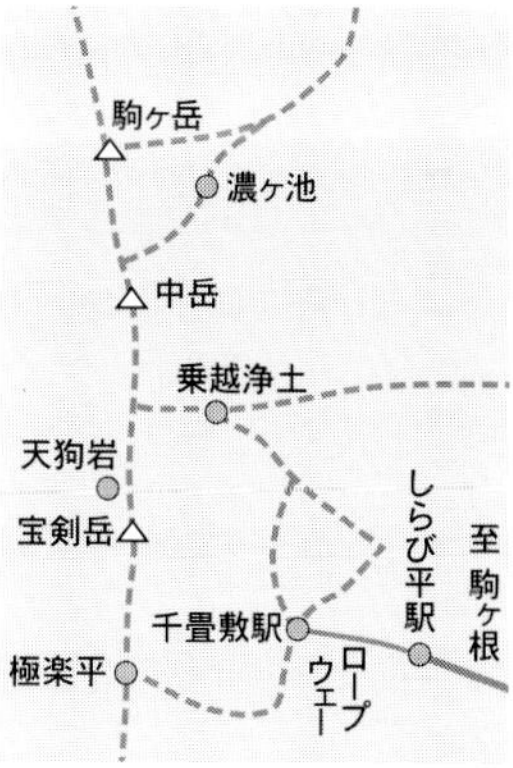

千畳敷カール

駒ヶ岳ロープウェーから見える南アルプスや森は美しかった。が、それよりも私は真下に見えていた滝にひかれた。出発して間もなくのこと、中御所谷《なかごしょだに》とロープウェーが交差するあたりで、三つの白い滝と三つの青い滝壺が数珠つなぎになっていることに釘づけになった。急峻《きゅうしゅん》な森との色合いも素晴らしかった。このロープウェーは、麓のしらび平から一気に二六〇〇メートルの千畳敷カールへ引き上げてくれた。

千畳敷カールと宝剣岳（左）

駅舎を出ると、目の前にカールが広がってい
た。千畳敷と名づけられているが、畳一万枚で
も足りないと思える広さだ。カールの中央に、
宝剣岳《ほうけんだけ》がそそり立っていた。
カールを一周できる遊歩道を南側から下っ
た。すぐに、チングルマの群生に出会った。梅
の花そっくりの白い花だ。続いてイワカガミ、
ミヤマクロユリ、アオノツガザクラ、ミヤマキ
ンバイなど、色とりどりの花が遊歩道を彩って
いた。カール下方では、コバイケイソウがあた
り一面を白く染めていた。
カールの中ほどで三叉路に出た。左側に曲が
って稜線へ続く登山道をおよそ一〇〇メートル
ほど登ると、黄色いミヤマキンポウゲと白いハ
クサンイチゲが混生したお花畑が広がってい

千畳敷カールのお花畑

た。ところどころ、シナノキンバイが混じっている。カールでいちばんのお花畑である。後ろに宝剣岳と乗越浄土《のっこしじょうど》付近の岩の峰がそびえていて、流れるガスに見え隠れしていた。

宝剣岳登山

お花畑をすぎると、登山道は勾配《こうばい》の急な坂となった。蛇行する道の脇で目をひいたのがタカネグンナイフウロだ。少し赤みを帯びた濃い紫色の端正な五弁花で、長い雌しべが突き出ている。霧が流れていたのだろう。花には大きな水玉が、茎には小さな水滴がついていて、白く光っていた。

紫の花でもうひとつ、トリカブトが目にとま

タカネトリカブト

った。妖しいまでに美しい青紫色のこの花は、簡単に名を明かしてはくれない。図鑑を開くと、トリカブトはその種類の多さに困惑させられる。が、よく見ると特定の山域に生える種であることが分かる。

　ちなみに、千畳敷カールや木曽《きそ》駒ヶ岳《こまがたけ》はタカネトリカブトで、茎葉が五深裂し、裂片はさらに羽状に切れ込み、終裂片は線状披針形で先が尖っている。

　乗越浄土に着くと、宝剣岳は目と鼻の先である。宝剣山荘の前から頂上へ向かった。まず目に飛び込んできたのが天狗山荘より遥かに大きな天狗岩だった。その大天狗は西の空を仰ぎ見ている。後ろは宝剣岳と三ノ沢岳、下は切り立った崖である。

　宝剣岳の登りは短いが、右手は宝剣沢へ数百メートル切れ落ちているので緊張した。狭い道が続き、人とすれ違うのに気を使った。

　頂上は、ジャガイモを思わせる形の巨岩が縦に積み重なっていて狭い。下を見おろすと、緑

天狗岩

宝剣岳頂上から俯瞰した千畳敷カール

の千畳敷カールが広がっていた。人が蟻のように小さく見えた。その先は伊那谷《いなだに》の田畑や南アルプスの山々へと続いていた。

頂上から南へ下り、極楽平《ごくらくだいら》からカールに至る道を歩いた。宝剣沢への滑落事故が多い岩場であるから、気が抜けない。

極楽平は広々としていた。ここまで来て、やっと休むことができる、といった感じがあった。混雑する宝剣岳頂上では、腰をおろすことさえままならなかったのだ。

いつものように小さなコッフェルで湯を沸かし、お気に入りの紅茶をいれた。ティーバッグのほうが早いのだが、手間をかけるところに、この上ない幸福感があるのだ。もちろん、甘いものも持っている。

木曽駒ヶ岳へ

乗越浄土から木曽駒ヶ岳へ登り、馬ノ背《うまのせ》を通って濃ヶ池《のうがいけ》の花を訪ねたこともある。

木曽駒ヶ岳までは小さな起伏の道が続く。木曽谷側は山が十二単《ひとえ》のように重なっていて、中央を流れる滑川《なめりかわ》が白い筋に見えた。古くより三十六峰八千渓といわれた、深い谷だ。

三十六峰八千渓と呼ばれる深い谷

その時、ちょうど小学六年生の集団登山に出会った。笑顔が印象的だった。山登りはこうでなければ、と思う。あらためて、木曽駒ヶ岳はだれでも登ることができる素晴らしい山だと感じ入った。

頂上の手前でコマウスユキソウを見つけた。木曽駒ヶ岳の特産で、日本でいちばん小さなウスユキソウだ。ルーペで見ると、花の中央に黄色い頭花が二〜三個ついていて、白い綿毛が密生した苞葉を星形に広げている。

駒ヶ岳頂上では、木曽谷を隔てて木曽の御嶽山や乗鞍岳が見られた。その先には北アルプスの山々、さらに南アルプスや中央アルプス南部の山々がぐるりと見える。時が過ぎるのを忘れて、眺めていた。

頂上から馬ノ背の尾根道にはいると、花が多くなった。登山道の脇にミヤマキンバイ、オヤマノエンドウ、ミネズオウ、コケモモ、クロマメノキなどが咲いていて、目を楽しませてくれた。小さなお花畑になっているところも数ヵ所あった。

辿《たど》り着いた濃ヶ池は静かだった。人に会うこともなかった。道の脇に小さな池があって、向

コマウスユキソウ

こう岸には黄色い花が一面に咲いていた。たぶんミヤマキンポウゲであろう。大きな石の上に寝そべった。北アルプス朝日岳の照葉の池を思いおこした。照葉の池は、道から少し離れ、向かいには花がたくさん咲いていて、ここととよく似た雰囲気のところだ。

帰り道、駒飼ノ池《こまがいのいけ》付近で珍しいハクセンナズナが咲いていた。ブラシを思わせる地味な花だ。白い線形の花弁より、長く突き出た薄茶色の雄しべが目立っていた。

八ヶ岳・花の旅

少し歩けば山小屋があるので、麓から稜線まで常に自分のペースで歩けた。ゆっくり歩いただけ、数多くの珍しい花に出会えた。あたりを紅く染めた、コマクサの大群生にも出会えた。

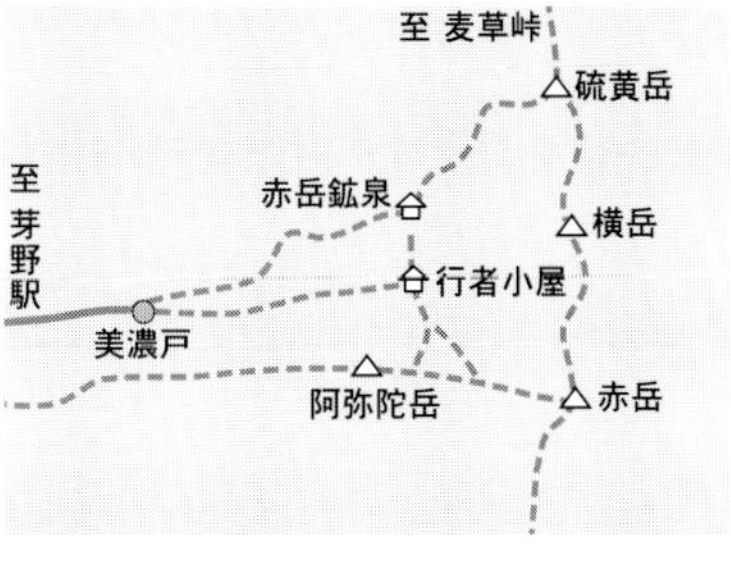

人知れず咲く樹林帯の花

花を訪ねて、八ヶ岳に幾度も登った。稜線の花だけでなく、樹林帯でも素晴らしい花に出会った。

その中のひとつホテイランは、六月の初め、信州側の登山口美濃戸《みのど》から少し登った柳川北沢《やながわきたざわ》の針葉樹林で撮影した。本州中部の亜高山帯に分布しているが、私は他では出会ったことがなかった花だ。

ホテイラン

根元に一枚だけついた葉に浮き上がった血管を思わせる際立った縦じわがあり、異様な感じを受けた。唇弁が布袋さんの腹のように膨《ふく》らんでいて、下に角状の距《きょ》が二つあった。美しい花には違いないが、苔に覆われた深い針葉樹林のなかでポツンと咲いていたその姿に、一瞬ドキリとしたことが思い出される。

七月中旬の八ヶ岳は、花の最盛期であった。まず、赤岳鉱泉《あかだけこうせん》へ向かう柳川北沢に沿う単調な道を歩いているときリンネソウに気づいた。この花は花茎の先に鐘形のかわいらしい花を二つつけていることから、夫婦花とも呼ばれている。

それまでにリンネソウを見かけたのは高山帯のハイマツの下であったから、標高が低い沢の近くで咲いていたことが意外だった。きっと、稜線でこぼれ落ちた種子が柳川北沢に流され、ここに辿り着いたのだろうと想像した。

さらに柳川北沢を登って、赤岳鉱泉が近づくころ出会ったオサバグサも可憐な花だ。シダを思わせる形の葉を機織《はたお》りに用いる筬《おさ》に見たてた和名で、細い茎の先に純白の小さな花を下向きにパラパラとつけている。華奢で、なんとも愛らしい姿が印象に残っている。

オサバグサ

今にも雨が降りそうな空模様に変わったので、急いでオサバグサを撮影して出発した。前線が近づいているのだろう、雲脚が早かった。幸い、降り出す前に赤岳鉱泉へ着いた。泊まり客は少なかった。窓を揺さぶる風の音を聞きながら、広い部屋で眠りに就いた。
夜来の風雨は、朝にはやんでいた。外に出ると、森の向こうに横岳が屏風《びょうぶ》のように屹立《きつりつ》している。おりしも朝日が差し、シルエットになった左端の大同心と呼ばれる岩の峰が、手を合わせた坊さんに見えた。森の木々についた幾千も

八ヶ岳

の水滴が白く光っていた。神々《こうごう》しいその光景にしばらく見とれた。

稜線にちりばめられた花

赤岳鉱泉から、灰緑色のサルオガセがからまる針葉樹林帯をゆっくり登って、硫黄岳爆裂火口の縁まで辿り着くのに二時間もかかってしまった。火口は垂直に切れ落ちていて、その先は八ヶ岳東麓の深い森がどこまでも続いていた。

硫黄岳山荘前のコマクサ園を歩いた。淡い紅色の花をたくさんつけた株が点々とある。白いコマクサも咲いていた。

ラン科の、緑色の花が目に飛び込んできた。花のいちばん上についている背萼片と、二枚の側花弁が合わさって兜形《かぶと》をしているので、タカネサギソウに違いない。湿気のある草地に生えるこの花が、コマクサと並んで咲いていることが興味深い。

植物の世界でも変わり者はいるらしい。

硫黄岳山荘から横岳に向かって間もなく、広いコマクサ群生地がいくつもあった。東側ではコマクサの段々畑となっていて、焼け焦げたかに見える黒や焦げ茶の石がちらばり、可憐なコマクサを一段と引き立てていた。

西側の群生地は規模が大きい。ガスに霞んだ広い礫地の斜面いっぱいにコマクサが咲いていて壮観であったが、強い風がやむこともなく吹き上げていたので見るだけで精いっぱい、撮影はできなかった。

横岳には、小さなお花畑もある。岩の峰・大同心の東側に、ハクサンイチゲとウルップソウ、オヤマノエンドウがほどよく混生してい

コマクサの段々畑

シコタンソウ

た。すでに枯色となったツクモグサも点々と混じっていた。白馬岳と雪倉岳以外では出会ったことがない、珍しい花だ。

横岳の稜線は岩稜の登降が続く。鎖場や鉄梯子も数ヵ所ある。岩の隙間にミヤマシオガマ、シコタンソウ、クモマナズナなどが咲いていた。

ときおり東側のガスが切れ、すぐ下に広がったダケカンバの森が見えた。今日の宿、赤岳展望荘も見えた。思い出したように、小雨がぱらついた。

赤岳展望荘に泊まった翌朝は、心に残る夜明けであったことが思い出される。モヤに霞む佐久平《さくだいら》を越して、淡い水色の秩父《ちちぶ》山地が見られた。遠近をなくしたその深い山地が日本画のようであった。山の名前を確かめようと地図を広げたが、どの山が甲武信ヶ岳《こぶしがたけ》か金峰山か分からなかった。南から流れてきたガスで、その山々が見えては霞み、また見えては霞んだ。

　やがて日の出の時刻が近づくと、空が亜麻色から柿色に変わっていった。こういう静かな夜明けもいいものだと見入った。

　西側の展望も素晴らしかった。低くたなびいた雲の上に、中央アルプスが静かに横たわって

イワヒゲ

チョウノスケソウ

いる。右側に木曽駒ヶ岳が眺められた。その左側で小さく尖っている岩の峰は宝剣岳であろう、真下に千畳敷カールらしき凹地《くぼち》が見えている。空には、淡い十六夜の月がポツンとあった。

山の天気は分からない。赤岳展望荘からひと登りした赤岳頂上は、雲の中であった。イワヒゲが目にとまった。組み紐を思わせる葉の脇から、鐘形の白い小さな花をパラパラとつけている。風を避けるかのように岩の隙間で咲いていて、目立つ花とは違った趣があった。

帰りは、行者小屋を経て美濃戸へ下った。頂上を少し過ぎた岩場で、チョウノスケソウが咲いていた。小判形の葉を岩棚に敷き詰め、梅の花を思わせる白い花をつけている。最盛期を過ぎていたことから多くは花が散って羽毛状の花柱となっていたが、名残の花の凛とした姿が印象に残った。

花野《はなの》

アキノキリンソウ、マツムシソウ、オミナエシ、ワレモコウ。枯れ色が目立ちはじめた高原の花野は、どこか寂しさが漂う。行く花の季節を惜しむかのように、蝶が飛び交っていたからであろうか。

夢さそう八島《やしま》ヶ原湿原

霧ヶ峰に三つある高層湿原のなかで、最も発達した八島ヶ原湿原をよく訪れる。

駐車場から湿原の西端の広場に出ると、巨大で薄い凸《とつ》レンズ形の高層湿原が二つ並んでいる。ここは、霧ヶ峰の主峰車山や、おわんを伏せた形の蝶々深山《ちょうちょうみやま》、たおやかな起伏の大笹峰が湿原を縁どり、おおどかな景観が広がっている。

立秋を少し過ぎていたころだったと思う。湿原の北側の道を八島ヶ池《やしまがいけ》、鬼ヶ泉水《おにがせんすい》、鎌ヶ池《かまがいけ》へ

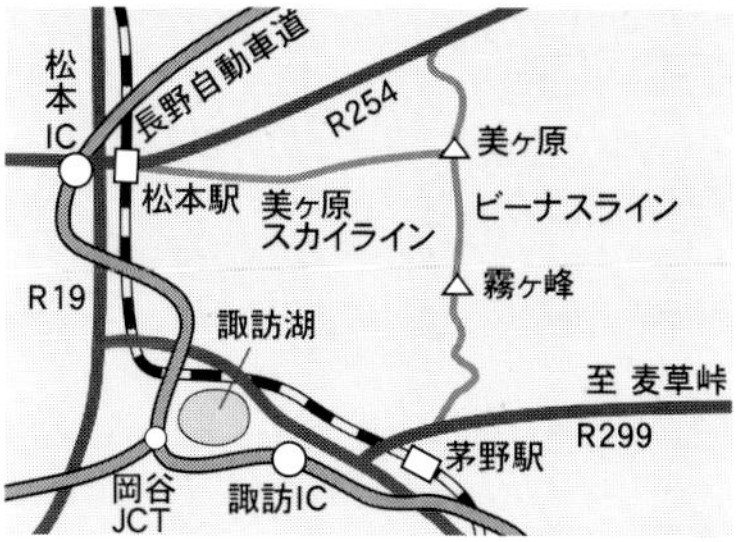

八島ヶ池と車山（中央）

と辿り、雪不知《ゆきしらず》で出会ったお花畑が素晴らしかった。

黄色い小さな花をたくさんつけたアキノキリンソウ、外側の花びらが目をひく薄紫のマツムシソウ、ピンポン玉くらいで緑色の花オヤマボクチ、純白の長い花穂をつけたサラシナショウマなどが、秋のやわらかな陽ざしに照らされていた。

道端では、ワレモコウの花穂が逆光に照らされて赤く縁どりされていた。小さな五弁の花をつけたオニシモツケが、白く光っていた。その下ではアサマフウロが、ひときわ濃い紅色の花をつけていた。このようなお花畑を花野というのだろうと、感じ入った。

周知のように、俳句では「花」と言えば春のことで、「花野」と言えば秋をさす。

花野は美しいことばだが、秋に色とりどりの花が咲いているお花畑に出会うことは少ない。それだけに、雪不知の花野が印象に残っている。だが、どこか寂しさが漂う。秋の花には、はじけるような勢いがないからだろうか。まわりの草々に凋落《ちょうらく》の気配が感じられるからであろうか。

虫の音が聞こえていた。ふと、中国の故事「邯鄲《かんたん》の夢」が脳裏を掠《かす》めた。それは、貧しい若者が、あるとき出会った仙人から何でも望みが叶う枕を借りる。その枕で寝るや、美しい妻を迎え、華やかな暮らしとなった。が、虫の音に目が覚めてみれば夢であったという。その日の雪不知の花野には、そのような夢をさそう雰囲気があった。

雪不知の花野

旧《もと》御射《みさ》山《やま》遺跡

雪不知から湿原をとり巻く道をさらに進むと、旧御射山遺跡がある。

鎌倉時代に、諏訪大社下社の御射山祭が行われたところで、観覧席であった階段状の桟敷が今も形をとどめている。

この祭りは、馬上で弓を射ることに優れた諏訪・甲斐・関東などの武士が集まり、広大な高原で流鏑馬《やぶさめ》などの武技を競ったという。

旧御射山付近にはたくさんの花が咲く。なかでもヤナギランが目をひく。夕日をあびた大きな花穂が風に揺れる様が、紅く燃えあがった炎のように見える。薄紫の小さな鐘形の花を何段にも輪状につけたツリガネニンジンや、よく目立つ紫色のマツムシソウが彩りを添えている。コウゾリナだろうか、黄色い花も交じっている。

旧御射山遺跡付近のヤナギラン

だが残念なことに、帰化植物のヘラバヒメジョオンが入り、増えてきた。その花になんの罪はないが、本来の花野が失われてゆくことが残念でしかたない。

帰化植物よりも深刻な、植物遷移《せんい》の問題もある。

三〇〇〇ヘクタールの霧ヶ峰の大草原は、江戸中期まではモミやツガなどの原生林であったが、野火を放って採草地とし、木が天然更新しないよう、昭和まで野火は続けられた。

しかし、山焼きが行われなくなった現在は、実生から育った木々が目立つようになった。このままでは、美しい花野もやがては森にかえってゆくに違いない。それが自然、と言えばそれまでであるが、あの美しい花野を失いたくないと思う。

美ヶ原の花野

いちばん多く通った花野は美ヶ原だった。お盆のころ、武石峰《たけしみね》周辺で花々が咲きそろう。麓の浅間温泉から美ヶ原スカイラインを通って、美ヶ原の北の端である想い出の丘をすぎた武石峰の南側だ。

マツムシソウが一面に咲き、紅いヤナギランやカワラナデシコ、黄色いキオンやコウゾリ

美ヶ原の花野

ナ、アキノキリンソウ、白いイブキボウフウ、白色に少し紅紫を帯びたヨツバヒヨドリ、橙色《だいだい》のコオニユリなどが一面に咲く。この花野は一〇〇メートルほど続いている。

武石峰から想い出の丘へ向かう遊歩道ぞいにも、美しい花野がある。二つのピークの鞍部から想い出の丘へ登る途中に、高山の構造土を思わせる礫地が広がっていて、カラマツの森を背景に色とりどりの美しい花が咲く。主な花は武石峰の南側と変わらないが、オミナエシの仲間である黄色のコキンレイカが加わる。

美ヶ原ではこの時期、アサギマダラをよく見かけた。キアゲハくらいの大きな蝶で、浅葱《あさぎ》色と唐茶のツートンカラーの上品な色合いだ。

飛び方はさらに上品だ。優雅といったほうがいいだろう。その美しい羽を広げ、フワフワーッと、天女が舞うがごとく飛んでゆく。ヨツバヒヨドリの花の蜜が好みなのだろう。望遠レン

アサギマダラ

ズで撮影しながらファインダーで観察すると、細長い口を次々に筒状花にさし入れている。

アサギマダラは、渡り鳥のように長旅をする。美ヶ原で羽にマーキングしたものが、約一五〇〇キロ離れた沖縄で確認されている。

あの悠長な飛び方で、山を越え、海を渡ってゆくのかと思うと、どこにそのような力があるのだろうかと不思議に思えてならない。何の目的があって、長旅をするのだろうか。小さな体に人知を超えた能力を備えていて、神秘的だ。

美ヶ原は花魁蝶《おいらんちょう》とも呼ばれるクジャクチョウや、ヒョウモンチョウの仲間もたくさん飛んでいる。だが、花野にはアサギマダラがいちばんよく似合う。

第四章

山を越えて

槍ヶ岳

鎌尾根《かまおね》と呼ばれる険しい尾根を幾つも従えた槍ヶ岳。東鎌尾根から、飛騨沢から、槍沢から登った。岩山であるから花は少ないのだろうと思っていたところ、広大なお花畑があった。貴重な花も多かった。

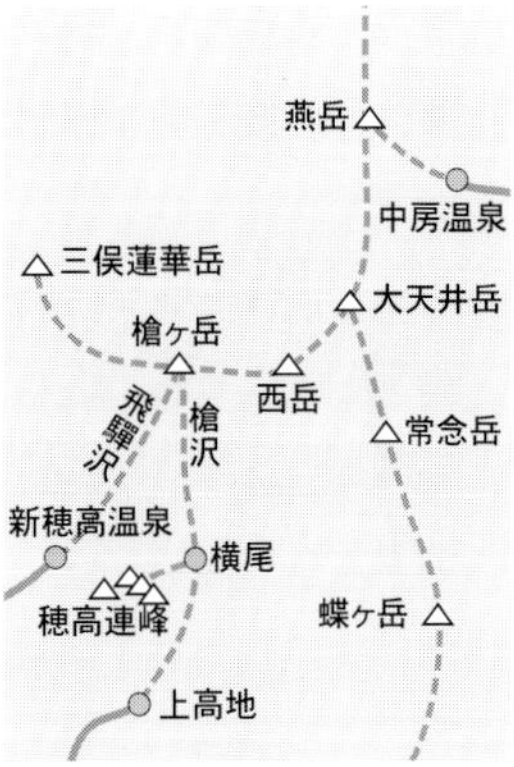

槍ヶ岳が見える

はじめて槍ヶ岳を見たのは、美ヶ原からであった。ほぼ同じ高さで横一列に並んだ北アルプス常念山脈の後ろに、鋭角三角形の槍ヶ岳があった。

槍ヶ岳の穂先より大きな夕日が、槍ヶ岳に沈んでゆく光景を撮影できたのも美ヶ原であった。西の空が黄金色に染まっていて、輪郭がくっきりした太陽が槍ヶ岳をシルエットに見せて沈んでいった。撮影できたことが高揚感となって、熱くなったことが思い出される。なんとか

槍に沈む夕日

撮影できないものかと願いつつ、長い間チャンスに恵まれなかったからであった。

写真は難しい。実際に出会わないと撮れないからだ。美ヶ原は、槍ヶ岳の穂先よりも大きな夕日が写せる絶好の山であるが、槍ヶ岳に沈む夕日は年に数日しかない。毎年のように通ったが、夕日は槍に沈むとき輪郭がはっきりしていない年が多かった。また、きらきら輝く太陽が沈む、雲ひとつない日も多かった。撮れるまでに一七年の歳月を要した。

高くそびえている槍ヶ岳が目に飛び込んできたのは大天井岳《おてんしょうだけ》である。高瀬川源流のひとつ天上沢の深い谷を隔て、その谷底から天を突いていた。峨々《がが》とした北鎌尾根を従えていた。手前に東鎌尾根が見えている。明日はそこを登ってゆくのだと思うと、胸が高鳴った。

子どものとき、蟻が大きな石の上を登ったり下ったりするのを飽きずに眺めたことを思い出した。蟻と大きな石を比べ、よく登れるものだと感心したものである。今、ザックにカメラ、着替え、食料などを詰めて歩く自分が、大きな食べ物を運んでいた蟻のように思えた。

静かになってきた。みんな小屋へ帰ったのだろう。いつまでも暮れ泥《なず》む槍ヶ岳を眺めていたかったが、夕日はすでに三俣蓮華岳に沈み、夜の帳《とばり》が迫っていた。

大天井岳からの槍ヶ岳

秋の槍ヶ岳は、鏡平が思い出深い。新穂高温泉から三俣蓮華岳へ向かう途中の、槍ヶ岳の真西である。小さな池をウラジロナナカマドの紅葉が縁どっていて、その向こうに槍ヶ岳がそびえていた。夜、雪が降ったのだろう、うっすらと雪化粧していて、紅葉との対比が美しかった。右側に続く、北穂高岳から大キレット、涸沢岳《からさわだけ》、奥穂高岳の岩の峰も白くなっていた。

撮影していると、初老の登山者が話しかけてきた。ここからの槍ヶ岳の眺めが気に入っていて、幾度も来ているという。笑顔で、今年の紅葉は例年になく色が美しいことを話し、下っていった。

播隆《ばんりゅう》上人

槍沢のお花畑

槍ヶ岳は人跡未踏の山であったとみえて、享保九年（一七二四）の「信府統記」にこの山の記載はない。

槍ヶ岳を開山したのは、一向専修念仏行者播隆である。越中に生まれ、大和の晃仏上人に師事し諸国を遍歴後、美濃国に草庵を結ぶが、文政四年（一八二一）、円空が開山したという笠ヶ岳を再興。文政九年（一八二六）かねてからの宿願であった槍ヶ岳登山を志し、信州と飛騨

槍とシナノキンバイ

を結ぶ飛騨新道を開拓した信州南安曇郡三郷村（現・安曇野《あづみの》市）小倉の、中田九左衛門の家に身を寄せた。その年、中田又重郎の案内で小倉村から鍋冠山《なべかんむりやま》、大滝山《おおたきやま》、蝶ヶ岳を経て梓川《あずさがわ》に下り、さらに梓川を遡《さかのぼ》って槍ヶ岳の中腹の岩小屋で四八日間修行。登頂に成功したのはそれから二年後の文政一一年（一八二八）で、頂上に三間九尺の平地をつくって釈迦牟尼仏を安置し、岩壁に鉄の鎖をつけている。

槍ヶ岳へ

槍ヶ岳に登った最初のルートは、安曇野の中房《なかぶさ》温泉から合戦《かっせん》尾根を登り、燕岳《つばくろだけ》、大天井岳、西岳を経て、槍ヶ岳の東鎌尾根を辿《たど》るコースをとった。

西岳からの登山道が思い出される。ヒュッテ西岳を出発して間もなく急な下りとなり、鎖場や梯子《はしご》が取り付けられた登山道となった。それまでがたおやかな稜線歩きであっただけに、緊張が走る。左下に深いU字谷の槍沢が見えていた。

やがて辿り着いた水俣乗越《みなまたのっこし》が、東鎌尾根のはじまりである。急な登りが続き、危険な岩場に

槍ヶ岳と北鎌尾根

飛騨沢のお花畑

ブロッケン現象

は梯子や鎖があった。途中から濃い霧となり、やがて雨が降ってきた。
濡れた岩の窪地にこぼれ落ちていたツガザクラの花が目にとまった。冷たい雨に打たれて散ったのだろう。花の色も形も、少しも傷んでいなかったことが心に残った。
新穂高温泉から飛騨沢を遡り、槍ヶ岳に登ったこともある。このコースの楽しみは、飛騨沢上部にあるお花畑だ。登山道の北側は西鎌尾根に向かって白いハクサンイチゲと黄色いミヤマキンポウゲが一面に咲いていた。ところどころ、ミヤマキンバイ、シナノキンバイが混生している。霧が流れ、西鎌尾根の岩の峰が霞《かす》んだので幻想的だった。槍沢で出会ったクルマユリ、ハクサンフウロ、ウサギギクなどのお花畑より素晴らしく思え、その後、幾度も通った。

飛騨沢のお花畑にブロッケン現象を見たこともある。飛騨乗越への最後の登りに近づいたとき、下のお花畑をうっすらと覆《おお》ったガスに、丸い虹がかかった。そのお花畑を登山者が歩いていて、なんとも幻想的だった。

ブロッケン現象と槍ヶ岳は縁が深い。

槍ヶ岳を開山した播隆上人は、その前に笠ヶ岳に登ったときブロッケン現象に出会う。ブロッケンに仏様の姿を見、手を合わせて感涙したと伝えられている。

槍ヶ岳の頂上に立ったときも、ブロッケン現象に出会った。飛騨側は雲海が広がっていて、その雲海から湧《わ》き上がってくる雲に現れた。雲のスクリーンに丸い虹に包まれた自分の影が写っている。何度出会っても不思議な現象だと思う。

穂高の峰々

穂高の峰々に囲まれている涸沢カールは、星が綺麗であった。カールを彩るお花畑や紅葉も、岩山が借景で見事だった。稜線では岩場を飾る花が点々と咲いていて、滝谷や上高地が俯瞰できた。

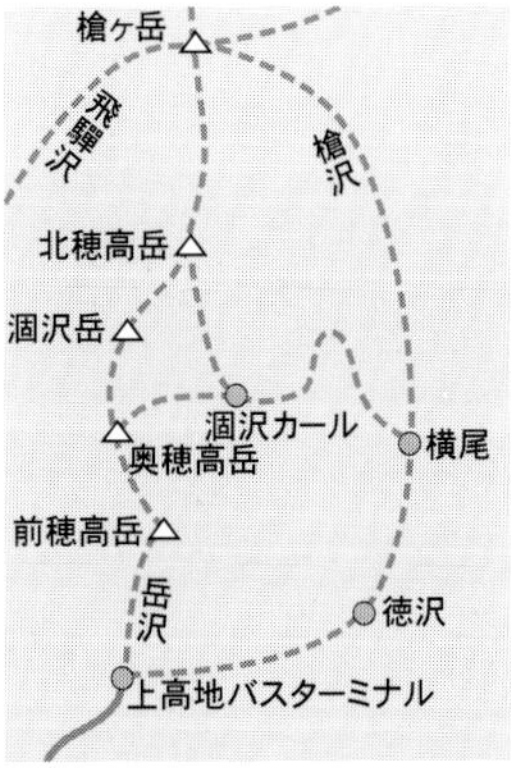

涸沢カール

テントを担《かつ》いで、秋の涸沢カールに着いた。前穂高岳、奥穂高岳、涸沢岳、北穂高岳。三〇〇〇メートルを超える岩山にとり囲まれている。

涸沢ヒュッテで受け付けをすませ、テントを張った。これで、食事も撮影も、時間は思いのままにできる。

他の山域はすべて山小屋に泊まるのだが、秋の涸沢カールにだけテントを持って行くのには

涸沢カール

理由がある。日本で指折りの紅葉の名所だけあって、小屋が混むのだ。幾度か泊まるうち、そのことに堪《た》えられなくなった。

もうひとつ、食料を持っていかなくてもよいのである。小屋の外に売店があり、ラーメン、味噌パン、リンゴにナシ、生ビールにワイン、なんでも手に入る。さらに、食事ができるテーブルがある場所がいい。穂高の峰々が一望できる山小屋の屋根の上にあるのだ。

食事が終わると、ワイン一本とリンゴ一つを買ってテントへ帰る。暮れゆく穂高の峰々を眺めながら飲むこともあれば、小さなガス灯をつけて文庫本を片手に飲むこともあった。近くのテントから歓声があがると、ちょっと淋しいが、一人もまたいいものである。

星が美しい夜は、星空を撮影に出かけた。なんとも浪漫的であるが、実は寒くて寒くてたいへんである。ありったけ重ね着をした上に合羽を着ても、一〇月の涸沢は寒い。星が美しい夜は放射冷却現象で、特に冷え込むのだ。撮影しながら、もうやめてテントへ帰ろうかと幾度も迷うが、千載一遇のチャンスだと考え、夜明けまで頑張ったこともあった。

星野《せいや》写真は、炎の芸術とも呼ばれる無釉焼き締めの備前焼に似たところがある。現像してみると、目では確認されてないものが写っていることがあるのだ。涸沢カールでは、満天の星空の下、涸沢岳と涸沢槍に白いベールがうっすらとかかっていた。白いベールは、長時間露光している間にガスがかかったことによる。

奥穂高岳から前穂高岳へ

奥穂高岳へは、涸沢カールの中を通って一段あがった台地から、ザイテングラードと呼ばれる尾根へ続く道をトラバースする。七月下旬にここを通ったとき、右手斜面が、白いハクサンイチゲにシナノキンバイの黄色が混じっていて綺麗だった。この花の群生は珍しくないが、涸沢槍と涸沢岳の岩の峰を借景に咲いていたことが素晴らしかった。

涸沢のお花畑

奥穂高岳は岩場に咲く花の風情がいい。穂高岳山荘から奥穂高岳へ取り付くとすぐに出会ったクモマグサが印象深い。大きな岩の割れ目に、端正な花をつけていた。基部が急に細くなった五枚の白い花弁と、それを支える若竹色の萼の色合いが目をひいた。

奥穂高頂上は、眺望が素晴らしかった。三六〇度、中部山岳の山々が見渡せる。目をひくのは、西穂高岳へ続くジャンダルムの岩の峰である。雲海から突き出ていたこともあれば、ガスに煙っていたこともあった。風に吹かれ、長いあいだ見とれていたことが思い出される。

奥穂高岳から前穂高岳を結ぶ吊尾根では、イワギキョウが目をひく。

出会ったのは、日差しがやわらかになったお

クモマグサ

ジャンダルムの岩の峰

盆すぎであった。他の花に遅れて咲くのは養分が乏しい岩場であるからだろうか、力を蓄えるのに時を必要としたのであろうか。風に揺れていた大きな鐘形の花が目に浮かぶ。咲き終わってしぼんだ花で、子房（熟すと果実になる）が膨《ふく》らんでいるものもあった。やがて種子が岩の割れ目や岩くずに落ち、いつの日か、清らかな花をつけるのだろう。何年か経ったら、この岩場を再び訪れたいと思った。

前穂高岳は忘れられない山だ。頂上に立って景色を眺めてると、思いもよらず頬に涙が流

イワギキョウ

前穂高岳より奥又白池と梓川

れ、驚いた。たまたま誰もいなかったので、心が空っぽでいられたからだろうか。東端から覗《のぞ》き見た、奥又白池《おくまたじろいけ》からその下を流れる梓川の絶景に打たれたからだろうか。涙というのはいつも、ふいにやってくる。

涸沢岳から北穂高岳へ

穂高岳山荘から涸沢岳を越えて北穂高岳へ向かう稜線も思い出深い。

七月下旬に通ったとき、怖い思いをしたことがある。涸沢岳頂上から北穂高岳へは、まず垂直のような岩壁を鎖一本で下るのであるが、その日はガスが濃くて下が見えなかったのである。

北穂高岳頂上では、迫力ある滝谷の岩場に圧倒された。はるか下を流れる右俣谷まで、一気に落ちている。岩登りのメッカと聞くが、どのようなルートで登るのだろうか、見当さえつかなかった。

頂上のすぐ下に北穂高小屋がある。一帯には水源がないので、雨水を利用していることは聞いていた。だが、廊下も柱も拭《ふ》き掃除がされていて黒光りしている。この小屋は戦後間もないころ、柱や梁《はり》などすべてを担ぎ上げて建てた小屋であることを聞いていた。今も、小屋を建てた人の心が生きているのだと感じ入った。

小屋からの見晴らしがまた素晴らしかった。テラスの真下に大キレットが俯瞰でき、その先には槍ヶ岳が天を突いている。ガスが流れると槍の穂先が霞んで、ひときわ高く見えた。

涸沢岳より滝谷と槍ヶ岳

北アルプス横断

ひとつの山行で、よく歩いたものだという気持ちを抱いたのは、北アルプスを西から東へ横断した山旅である。富山県・有峰湖近くの登山口・折立《おりたて》から登り、奥黒部《おくくろべ》の山々を巡って、長野県大町市の高瀬渓谷に下った。

奥黒部の山々

一九九七年七月。折立から最初の宿・太郎平《たろうだいら》小屋への道は、急坂の樹林帯を抜けると、高原のように広々とした草地が続く。途中から木道になり、小さな星形の花をつけたキンコウカの群生が次々に現れ、目を楽しませてくれた。

太郎平小屋に落ち着くと、さっそく付近を散策した。

池塘《ちとう》に、ミヤマキンバイやタテヤマリンドウが咲いている。右手に北ノ俣岳が、正面に雲の

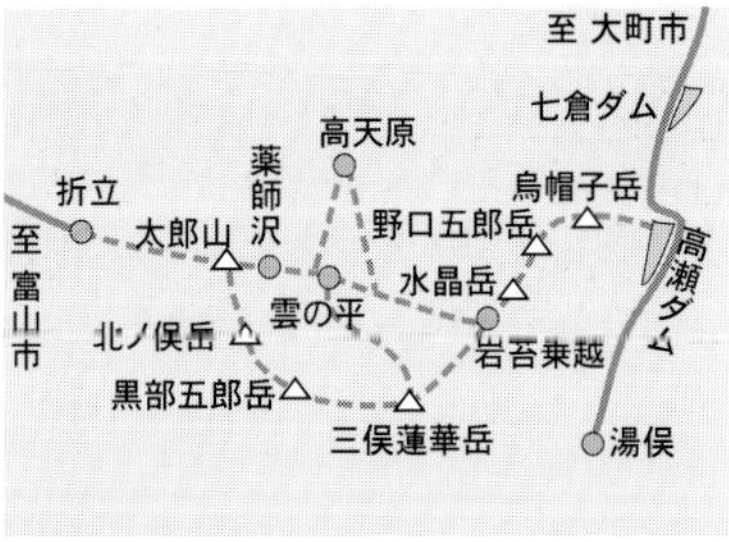

平が見えている。その先は山また山。これから、その山々を越えてゆくのだと思うと、気後れしそうだった。

翌日は、いくつかの山を越えて黒部五郎小舎まで歩いた。たおやかな北ノ俣岳の頂上の手前で、ハクサンイチゲがあたり一帯を白く染めていた。その先に雲の平、水晶岳、赤牛岳が霞ん

キンコウカ

北ノ俣岳のハクサンイチゲ

でいた。

黒部五郎岳の頂上に立ったあと、カールの中へ下った。カールの底でたくさん咲いていた、ミネズオウの花が印象に残っている。薄紅色の、小さな星形の花だ。

三日目、三俣蓮華岳の花を取材したあと、三俣山荘に宿をとった。天気がよかったので、部屋に荷物を置くとすぐ外に出た。すると、二階にある喫茶室からバイオリンのメロディーが聞こえてくる。その音色に誘われて階段を上った。

喫茶室はチゴイネルワイゼンが流れ、コーヒーの香りに包まれていた。山小屋でこのような雰囲気は初めてであった。穏やかな表情の、山荘の主人・伊藤正一《いとうしょういち》さんがおられた。

ひととき音楽とコーヒーを楽しんでから、私は伊藤さんに、三俣蓮華岳頂上付近にあるとされる球状閃緑岩《せんりょくがん》をさがしたが見つからなかったことを話すと、翌日、案内してくださった。

球状閃緑岩は深成岩のひとつで、幾重にも重なった球状の模様がある。マグマが地下の深い所で冷却固結してできた岩石であるが、なぜ球状の模様があるのか解明されていない。

私は『北アルプス博物誌』(大町山岳博物館編)で、三俣蓮華岳の頂上付近にこの岩が露出していることを知った。その石の神秘的な模様を撮影したいと考えていたのだ。

球状閃緑岩は、窪地の雪渓の脇にあった。大きさはドラム缶くらいのが一つ、それよりひと回り小さいのが一つである。形のよい、球状の模様が表面に並んでいた。アングルを変えて何カットも撮影した。

三俣山荘で数日過ごし、雲の平へ向かった。途中、黒部川の源流を渡った。まだ小さな水の流れである。水辺に、クロクモソウが咲いていた。黒部川の上《かみ》の廊下や下《しも》の廊下の激流を見て

球状閃緑岩

雲の平

黒部川源流

いた私は、その長閑《のどか》な景観に拍子抜けした。雲の平も長閑だった。北アルプスの最奥地であるから険しいだろうと想像するが、まるで違っている。日本庭園、スイス庭園、ギリシャ庭園と呼ばれる台地が続き、庭石を置いたかのように岩がちらばっている。チングルマやコバイケイソウが咲いている。

その中に設けられた木道を歩きながら、歩いてきた黒部五郎岳や三俣蓮華岳の眺望を楽しんだ。キャンプ場を過ぎると、雲の平山荘が見えた。夕食後、赤い太陽が森へ沈んでいった。

翌朝は、白いベールをかけたように、雲の平に霧が立ちこめていた。双耳峰の水晶岳にかかった雲が、サーモンピンクに染まっていた。

朝食を済ませ、雲の平を後に、岩がごろごろしている祖父岳《じいだけ》を越え、黒部川の源頭である岩《いわ》苔乗越《ごけのつこし》に辿り着いた。稜線の雪渓の下に小さな流れが見える。これが黒部川の最初の流れのひとつに違いない。そう思うと、感慨深かった。私は歩いてきた奥黒部の山々に別れを告げ、水

高天原

晶岳に向かった。

薬師《やくし》沢《ざわ》と高天原《たかまがはら》

太郎平小屋から薬師沢へ下ったこともある。六月下旬、花仲間二人と、薬師沢へ落ちこむ太郎山の尾根を下って左俣を渡り、樹林帯やカベッケガ原と呼ばれるクマザサ原を通って薬師沢小屋に着いた。黒部川と薬師沢の水音が轟《とどろ》いていた。

部屋にいても、水音が聞こえてくる。地図を広げて見ると、小屋は薬師沢と黒部川の出合いに建っていた。ここから少し下流の、奥の廊下と呼ばれる大東《だいとう》新道には、〝増水時注意〟と記されている。廊下と呼ばれるところは両岸が深く切り立っていて、川幅が狭いことから、ひとたび天候がくずれると水位が一〇メートルも二〇メートルも上がると聞く。黒部川をぐるりと取り巻く山の、数えきれない沢の水が一気に押し寄せてくるからであるという。

夕食はイワナ尽しだった。もうひと組の泊まり客が、たくさん釣ってきたのだそうだ。養殖のイワナとは、比べものにならないおいしさだった。イワナの骨酒が、さらにおいしかったことが思い出される。

翌朝、薬師沢出合いにかかる黒部川の吊り橋を渡った。真下で波打っている川の流れに圧倒された。

前日はひたすら山を下ったのだが、これから雲の平への道をひたすら登らなければならない。今回の山行のいちばんの目的は高天原の温泉であるから、黒部川に沿って大東新道を下ればの近いのだが、ここまできて雲の平を通り過ごすのはもったいない。

急坂を登り、樹林帯を抜けると視界が開け、アラスカ庭園と呼ばれる雲の平の西端に出た。キバナシャクナゲ、イワカガミ、チングルマなどが木道の脇を飾っていた。

小屋開きして間もない雲の平山荘は、貸し切りであった。この時期ならではのことだ。

雲の平から高天原への道は、道を間違えたのではないかと思えるほど長い急坂の樹林帯を下

アラスカ庭園

った。森に囲まれた高天原への湿原に辿り着いて、深い山の中へ来たものだと身にしみて感じた。天つ神がいたという意味の地名がつけられていることが、うなずけた。

高天原山荘から二〇分ほど下ったところに、高天原温泉がある。おそらく、日本でいちばん里から遠い温泉であろう。山に囲まれた沢の脇にポツンとある。白馬鑓ヶ《しろうまやりが》岳《たけ》の白馬《はくば》鑓《やり》温泉や、黒部川の支流・仙人谷の仙人湯も深い山の中であることに驚かされたが、これほど遠くはなかった。

温泉への道には、〝熊注意〟の標識があったので夜は怖いと思ったが、再びこの温泉を訪ねることはないだろうと思い、夕食後に再び、友人と懐中電灯を照らして温泉へ向かった。曇っていたが、シルエットの山の端が見えた。いくら目を凝《こ》らしても他には何も見えなかった。沢の水音が、止むことなく聞こえた。深山の気配が怖いほど迫ってきた。

北アルプス横断の行程は長い。

高天原から沢沿いに黒部川の源頭である岩苔乗越に登り、さらに水晶岳、真砂岳《まさごだけ》、野口五郎《のぐちごろう》岳《だけ》、三ッ岳《みつだけ》を越え、北アルプス三大急登のブナ立尾根を下って、大町市の高瀬ダムへ着いた。

最後に泊まった烏帽子小屋から、歩いてきた山々が遠く彼方《かなた》まで続いているのが見えた。ほんとうに、よく歩いたものだと思った。

立山・黒部アルペンルート

北アルプスを、乗り物で横断できるとは考えられない。しかし、トロリーバス、ケーブルカー、ロープウェーなどを乗り継いで、誰でも横断できる立山・黒部アルペンルートがある。出発地は、東側が長野県大町市の扇沢、西側は富山地方鉄道の立山駅である。

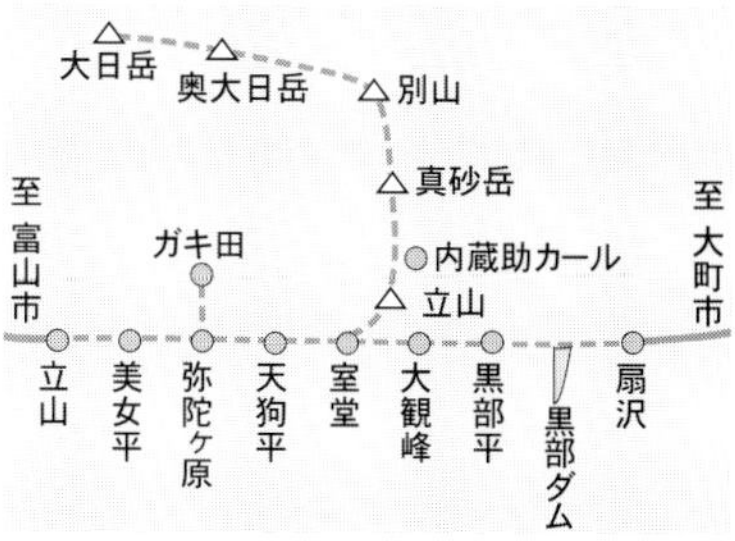

「山」の美術館

立山・黒部アルペンルートの第一の魅力は、次々に展開する中部山岳の山々だろう。長野県側の出発地である扇沢まで車ですぐに行ける私は、朝の天気を見ては出発した。

扇沢からトロリーバスで黒部ダム駅に着くと、まず黒部ダム展望台へ急ぐ。正面に立山の岩の峰が屹立《きつりつ》している。雲がかかっていることもあれば、ガスに見え隠れすることもあり、訪れるたびに山の表情が違っていることが楽しみであった。

黒部ダム展望台

左側は黒部湖で、奥には裏銀座の山と呼ばれる水晶岳、野口五郎岳、三ッ岳などが連なっている。里からは見ることができないこの山々を見に来たのだという思いがあって、しばらく眺めている。

黒部ダムの堰堤《えんてい》を渡り、ケーブルカーで黒部平へ向かう。駅舎の前に広場があり、安曇野から見えている山々を反対側から見ることができる。

壁のような赤沢岳《あかざわだけ》と鳴沢岳《なるさわだけ》を中心に、左側は劔岳の展望台とも言える岩小屋沢岳、爺ヶ岳《じいがだけ》、鹿島槍ヶ岳、五龍岳が見える。右側は、真下に見える黒部湖を縁取るように、針ノ木岳《はりのきだけ》、船窪《ふなくぼ》岳《だけ》、不動岳《ふどうだけ》などが連なっている。

駅舎の屋上も展望台になっていて、西側に立山が立ちふさがるようにそびえている。駅舎は立山の中腹とロープウェーでつながっている。距離一七〇〇メートル、支柱は一本もない。自分が立っている黒部平の駅舎は山の台地に建っているが、向かいの大観峰駅は立山の断崖絶壁の中腹にぽつんとある。どのようにしてロープウェーを架けたのだろうか、只ただ驚くばかりだ。

ロープウェーからの眺めも楽しみだ。先に述べた山々の前を、刻々とダケカンバやブナの森

トロリーバス

ケーブルカー

ロープウェー

雪の大谷

が通り過ぎてゆく。窓からその景色を撮影したい私は、ひとつゴンドラを遅らせてでも、窓際に立った。

　大観峰からトロリーバスで立山トンネルを抜けると、アルペンルートの中心地・室堂ターミナルに着く。駅舎を出ると目の前に立山がある。先ほど、トロリーバスでくぐり抜けた山だ。

　広場に出ると、立山の右に浄土山、左に真砂岳や別山が見えてくる。西に奥大日岳《おくだいにちだけ》から大日岳が見える。ここは、北アルプスのど真ん中であることを実感できる。が、観光客で賑《にぎ》わっている。違和感があるが、足に自信がなくなった今は、私も限りなく観光客に近づいてしまった。

室堂は、アルペンルートが開通して間もない五月初めに行ったときが印象深い。〝雪の大谷〟と呼ばれる、高さ二〇メートル近い雪壁がある。雪国信州で暮らしているが、その積雪には圧倒されるばかりだ。

夏は、室堂ターミナルからみくりが池を経て地獄谷へ下り、鍛冶屋地獄の分岐を左にとって天狗平へ向かうコースを歩いた。青い水を満たす神秘的な火口湖、噴き出るガスや熱湯などが見られ、霊峰立山の雰囲気が堪能できる。

天狗平はアルペンルートで唯一劔岳が見えるので、天狗平山荘に泊まって撮影することが多い。劔岳の前景に奥大日岳と劔御前峰が並び、朝はその山々を縫うように霧が流れ、幻想的な光景が見られる日がある。また、劔岳が夕日に赤く染まった日もある。

立山トレッキング

浄土山、立山、真砂岳、別山、奥大日岳、大日岳。アルペンルートを取り囲む山々を、これまでにすべて登った。

眺望がよくて、手軽に行けるのは立山だ。頂上でまず目に飛び込んできたのが五龍岳、鹿島

雄山神社

槍ヶ岳。続いて富士山、南アルプス、中央アルプス、槍・穂高連峰、御嶽山、黒部五郎岳、薬師岳。雄山神社の北側からは劔岳が見えた。

思い出深いのは、富士の折立と真砂岳を結ぶ稜線の東側に広がる内蔵助《くらのすけ》カールのお花畑を、花仲間十数人と訪れたときである。

七月下旬であったが、その年は残雪が多く、カールの壁は一面の雪で、道が埋もれていた。行こうかやめようかと躊躇したが、以前にお花畑を訪れたことがある私が先頭で、雪の斜面に靴を蹴り込み、道をつくりながら進んだ。

雪の下がアイスバーンになっているところがあり、そこへ靴を蹴り込んだ瞬間、私はバランスをくずし二〇メートルほど滑落した。いや、滑りおりた、という程度であった。アイスバー

弥陀ヶ原とガキ田

ンの斜面が続き、仲間の一人も滑落した。

幸い、雪の上であるから怪我をしないですんだが、私は中判カメラのフイルムを巻き上げるクランクを折った。下山してから修理をしたが、完全にはよくならなかった。

フイルムを巻き上げると勝手にシャッターが切れてしまうことがあり、そのたびに内蔵助カールのことが思い出される。

弥陀《みだ》ヶ《が》原《はら》と美女平《びじょだいら》

アルペンルートは、乗り物で北アルプスを横断するだけではつまらない。山には登らないまでも、高原の花を訪ね歩きたい。

室堂から高原バスで美女平に向かうと、やが

天涯杉

て一ノ谷を隔てて弥陀ヶ原が見えてくる。ガキ田と呼ばれる、白く光る池塘が無数に散らばっている。花逍遥《はなしょうよう》では、この湿原がいちばんよかった。

弥陀ヶ原バス停で降り、バス停の前の弥陀ヶ原ホテルの脇から入ってゆくと、すぐにチングルマが迎えてくれる。白い花がカーペット状に群生しているかと思えば、咲き終えて長い綿毛を風になびかせているところもある。

朱色の霜降《しもふ》りがあるチングルマにも出会った。タテヤマチングルマと呼ばれる、珍しい花だ。

やがて、遊歩道の横にガキ田が目立ってくる。水の中には、稲を植えているかのようにミヤマホタルイが生えている。縁にはモウセンゴケが生え、ところどころ、イワカガミやイワイチョウが咲いている。

アルペンルートの西端の見どころは、美女平の森だ。樹齢千年を超える立山杉に出会えた。なかでも、天涯杉《てんがいすぎ》と名づけられた巨木の前では、一緒に訪ねた朋友《ほうゆう》が帽子をとって頭を下げた。私も帽子をとって頭を下げた。

周囲が一〇メートルを超え、途中からいくつにも分岐して天を突いている。真下から見あげたとき、まさに天の涯に通じるようだと感じ入った。

南アルプスの女王・仙丈岳《せんじょうだけ》

南アルプス林道の北沢峠に宿をとれば仙丈岳は日帰りもできる山だが、山の友と、花を愛でながらのんびり歩いた。珍しい花や何げない自然が次々目に飛び込んできた。そのことがいちばんの思い出となった。

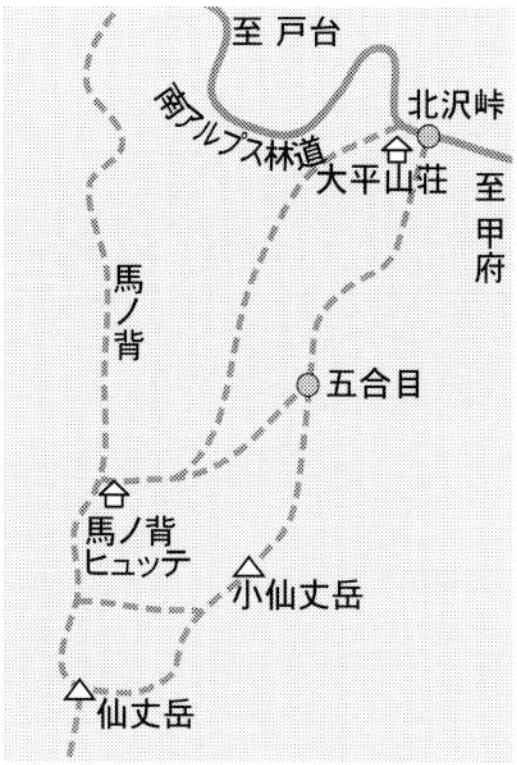

南アルプス林道

南アルプスの女王と称される仙丈岳は、二〇年来の山の友・草野守立《くさのもりたつ》氏と登った。八月中旬、登山口の北沢峠で落ち合うことになり、私は長野県伊那市長谷《はせ》の戸台から南アルプス林道を走るバスに乗った。いつも北側から見ている鋸岳を、南側から楽しめた。小さなピークとコルが連なっている珍しい山だ。歌宿を過ぎたとき、雲間から差したスポットライトが鋸岳南面の山腹の森を明るく照らしながら遠ざかった。

大平山荘

北沢峠に着いてひと休みしていると、この林道の山梨県南アルプス市の芦安からバスに乗った草野氏が着いた。いつもの笑顔が近づいてくる。まずは今夜の宿・大平山荘に向かった。峠から歩いて一五分ほどである。

大平山荘の前の広場の北端にベンチがあり、穂高連峰の眺めがよいと聞いていた。しかし、雲に隠れていて見えなかった。

夕食後、そのベンチに行き、いつものようにガスコンロでお湯を沸かし、お気に入りの紅茶を。それから、草野氏がいつも持参のスコッチで乾杯。テレビも新聞もない山旅のはじまり。西の空が暮れ泥《なず》んでゆく。なんだか幸せである。

ふと気づいた。三〇人ほど泊まり客がいるの

レイジンソウ

に、洗面に出入りするだけで誰も出てこない。私たちは北アルプスや八ヶ岳を一緒によく歩いたものだが、こんなことは初めてであった。夕暮れのひとときこそ自然が刻々と表情を変える至福の時間であると思っているのだが。

　夕闇が迫ったので小屋へ戻って、驚いた。みんな布団に入って寝ているのである。山は早寝早起きが常識ではあるが、まだ日が沈んで間もない七時過ぎ。北アルプスの山小屋とは違うことを知った。

　翌朝、目が覚めて、さらに驚いた。私たち二人が残されただけで、あとは誰もいないのである。たしかに早くから人が出入りしている気配を感じていたが、それはどこの山小屋に泊まっても同じこと。だが、まだ五時半だというのに全員出払っているのだ。

　外に出てみた。おだやかな朝である。木々の緑が眩しい。初めて出会ったレイジンソウの花に朝露がついていた。花は薄紅色で細長いが、兜《かぶと》の形であることからトリカブトの仲間であることがひと目で分かる。

仙丈岳へ

朝食をすませ、私たちも出発した。山荘の脇から藪沢に入る。ときおり聞こえてくるのは小鳥のさえずりだけで、ひっそりと静まりかえった森の道だ。夜明け前に出発した同宿の人たちは、暗いうちにこの森を歩いたに違いない。きっと、午前中に仙丈岳に立ち、夕方までには北沢峠に下るのだろう。

道が急坂になって間もなく、木々をとおして藪沢の流れが見えてきた。水辺が近くなると、花が目立った。サラシナショウマの白い花穂が揺れている。黄色い花はハンゴンソウだろう、背丈があり、葉が羽状に切れ込んでいる。紫色の唇形の花を葉の脇ごとにつけたミソガワソウも見かけた。

振り返ると、樹々の間から甲斐駒ヶ岳が見えた。緑に覆われた双児山《ふたごやま》と駒津峰《こまつみね》が重なっていて、その奥で薄い露草色に霞んでいる。ここからは甲斐駒ヶ岳の頂上より、烏帽子形の岩の峰・摩利支天《まりしてん》の方が圧倒的な存在感であった。たびたび足を止めては、その姿に見とれた。

やがて小仙丈《こせんじょう》尾根五合目からの登山道と合流して間もなく、馬ノ背ヒュッテに着いた。丸太

馬ノ背から西側の展望

造りの二階建てで、通された部屋は細い布団が一面に敷き詰められていた。まだ他には誰もいない。昨日と同じである。

ガスコンロにコッフェルなどをさげ、外に出た。今日も紅茶、それからビール、スコッチ。持参したおつまみ。それだけであるが、この上なくおいしい。周りはダケカンバの森。梢《こずえ》の葉が白く光って揺れている。

三日目。紅色のハクサンフウロ、黄色いシナノキンバイやマルバダケブキ、深い紫色のホソバトリカブトなど、ヒュッテから馬ノ背まで色とりどりの花が目を楽しませてくれた。

稜線の馬ノ背分岐に出ると、西側に雄大な景色が広がっていた。伊那谷は雲海。その先に中央アルプスが横一列に並んでいて、北端の後ろに見える木曽の御嶽山の大きいこと。頂上が長いことからフライパンを伏せた形に見える。あの広い頂上がもう少し上まであったら、富士山より高いのではないだろうか。長いスロープの裾野《すその》の広さを地図で見ると、富士山と比べて、少しも引けをとらない。

その御嶽山の右端に加賀の白山が霞んでいる。少し離れて、槍・穂高連峰から立山、劔岳、鹿島槍ヶ岳、白馬三山が続いている。なんという素晴らしい眺望であることか。

草野氏と甲斐駒ヶ岳

馬ノ背分岐を後にして、藪沢カールの底に建つ仙丈小屋でひと息いれ、頂上へ向かった。稜線に出ると、イブキジャコウソウ、チシマギキョウなどがちりばめられていた。キク科トウヒレン属の花が目にとまった。クロトウヒレンより草丈も花も小さくて、頭花を茎の先に一個しかつけていない。南アルプスの高山帯に生えるシラネヒゴタイであった。

仙丈岳の頂上は賑《にぎ》わっている。赤く塗られた三角点に手を触れて記念写真を撮った。北側の足元に藪沢カールが広がっていて、先ほど立ち寄った仙丈小屋が見える。その先のダケカンバの森に、昨夜泊まった馬ノ背ヒュッテのレンガ色の屋根。その先は甲斐駒ヶ岳と鋸岳。さらに、半ば雲に埋まった八ヶ岳。

南側は大仙丈沢カールの先に北岳や富士山、鳳凰山などが一望。その先は、どこまでも雲がつらなっている。

下山は小仙丈尾根から北沢峠へ下った。後ろにたおやかな仙丈岳、前方はいつも甲斐駒ヶ岳。鋸岳は今にも雲に隠れそう。開けたガレ場でお昼にした。それにしても、なんと天候に恵まれたことか。どこまでも続く雲海に浮かぶ山々、色とりどりの高山植物。まさに、南アルプスの女王に抱かれた山旅であった。

シラネヒゴタイ

鳳凰山

ナデシコ科の可憐な花・タカネビランジに会いたくて、峠を越え、シラビソの原生林を登って行く。言葉にすると、ちょっと恥ずかしいが、花を訪ねるというのはそういうことである。出会えたら精一杯に美しく写して、下るのである。

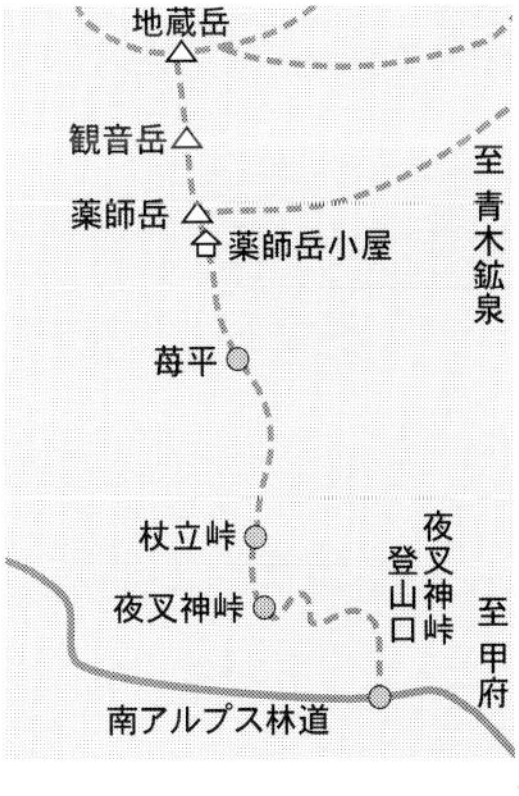

電車の窓から

東京での仕事の帰りはいつも、ＪＲ中央線の車窓から南アルプスの山々を楽しんでいる。大月駅を過ぎ、長い笹子《ささご》トンネルを出てしばらく走ると、左下に甲府盆地が見えてくる。その彼方の霞の上に、モノトーンの南アルプスが浮かんでいることが多い。

甲府駅をすぎて韮崎《にらさき》駅に着くころから、薬師岳、観音岳、地蔵岳の鳳凰三山が迫ってくる。信州からは白峰《しらね》三山より低く見えるが、ここではすぐ目の前にそびえていて、周りのどの山より立派に感じられる。東京に向かうときにも眺めているのだが、帰りのほうが仕事を終えた解放感があり、暮色に沈んでゆく鳳凰山の姿にこのうえない安らぎを覚える。

鳳凰山はかつては法皇山と書き、天皇の登ったことに由来する山名だ。天皇は、この地に八年間にわたって滞在した第四六代の孝謙天皇であるという。山名に薬師、観音、地蔵の名がつけられたのは、天皇が仏教に深く帰依していたことに由来するらしい。

鳳凰山へ

登山口の夜叉神という地名が気になった。調べてみると、夜叉はインド神話で森林に住むとされる神霊であり、人を害する鬼神の反面、財宝神としても信仰された。仏教にとり入れられて天竜八部衆の一として仏法護持の神となった、とある。

夜叉神が何故この峠の名前につけられたのか調べた。夜叉神は麓《ふもと》の芦倉を流れる御勅使川《みだいがわ》の源に棲《す》む、悪疫や洪水をおこす神であったが、里人が御勅使川を見下ろす峠（夜叉神峠）に石の祠を祀《まつ》ったことで、豊作の神、縁結びの神となった縁によるという。

夜叉神峠登山口からカラマツやミズナラが続く森をジグザグに登った。ときおり、木々の間

鳳凰山

から木漏れ日が差し、みずみずしい若葉が目にしみた。気になっていた夜叉神峠へはおよそ一時間で着いた。特に感慨はなかったが、峠から少し登った夜叉神峠小屋前からの展望が素晴らしかった。点々とヤナギランが咲く笹原の向こうに白峰三山が連なっている。南アルプスの山らしく、それぞれがどっしりしている。

広場の片隅に少し傾いて立っていた夜叉神峠の標《しるべ》の前で記念写真を撮って、急いで出発した。夜叉神峠から今夜の宿である薬師岳小屋まででは、コースタイムで六～七時間かかる長丁場だ。気を引き締めて、ひたすら登った。やがて右下に甲府盆地が見えてきたが、すぐにまたシラビソの暗い樹林帯に入る。七月下旬の花の時期であるのに、人の姿がないことが気にかかっ

ねじれ曲がったカラマツ

オトギリソウ

た。

小さな尾根の杖立峠を越え、再びシラビソの樹林帯を歩くと、明るく開けたところに出た。山火事で森が消失したところであるという。道の脇にオトギリソウが点々と咲いていた。

昼を過ぎていたので弁当を食べ、仰向けになって目をつむった。日差しがとてもあたたかく感じられた。ときおり風が音もなく通り抜けてゆくだけで何も聴こえず、大きな山にただ一人いるような気がした。なんともいえない心地よい境地に浸り、今にも眠ってしまいそうだった

シラビソの森

が、先を急がねばならない。
　再びシラビソの樹林帯に入り、登りが続く。やがて千頭星山《せんとうぼしやま》からの登山道と合流すると、苺《いちご》平《だいら》に着いた。
　苺平から南御室《みなみおむろ》小屋までの森は竹林のようにシラビソが密生していて、いよいよ山深くに入ってきた感がある。木々という木々の枝にはサルオガセがまとわりついていて、森が灰緑色に見えた。しばらく歩くと、南御室小屋が建つ広場に出る。甘い缶ジュースを求めひと休みした。小屋の前に、広さがバレーボールのコートくらいの畑があった。あんな高所で何を栽培していたのだろうか。今になって、確かめておけばよかったと思う。
　南御室小屋の脇から急坂を登り、やがて森林限界を抜けると空が開けた。巨岩が半ば砂礫に埋まった砂払岳《すなはらいだけ》の頂上が目の前に現れる。岩の隙間から生えた、カラマツの太い幹がねじれ曲がっていて、壮絶な樹形であったことが印象深い。どんな盆栽でも、このような形につくることはできないだろう。厳しい風雪に耐えて生き抜いた木々の姿に、畏敬《いけい》の念を覚える。

砂払岳から少し下って、やっと薬師岳小屋に辿り着いた。ダケカンバやシラビソに囲まれた、小さな山小屋だった。

タカネビランジの花

翌朝は、夜来の雨があがっていた。朝食をすませ、さっそく薬師岳へ向かう。頂上へは砂礫の道をひと登りであった。タカネビランジの花が岩の隙間に点々と咲いている。淡い紅色に少し紫色を帯びた、可憐な花だ。まだどの株も蕾《つぼみ》が多いことを考えると、花は咲いて間もないのだろう。鳳凰山に登ってきた第一の目的がこの花であったから、花期がぴったり合ったことが何より幸いであった。前日、八時間もかけて登ってきた甲斐《かい》があった。

タカネビランジは南アルプスの高山帯の岩場に生えるナデシコの仲間で、薬師岳と観音岳に特に多い。花は紅紫色の五弁花で大きさは十円玉ほど、一～数個が上向きに咲く。花弁が細かく切れ込んだタカネナデシコやカワラナデシコのように繊細な花とは違って、花弁が二つに切れ込んでいるだけである。しかし、印象は仲間のどの花より可憐であった。

続いて、尾根づたいに観音岳へ向かった。この山も、予想にたがわずタカネビランジがちりばめられていた。心ゆくまで撮影できた。

ひと休みしようと腰をおろして、素晴らしい展望であることに気づいた。白峰三山、甲斐駒ヶ岳、富士山などが見えている。いつもこの山を眺めているＪＲ中央本線はどこを走っているのだろうかと思い、目を凝らした。線路を確認することはできなかったが、韮崎から小淵沢《こぶちざわ》あたりの里が見えていた。

タカネビランジ

甲武信ヶ岳

板張りの床、板張りの壁の十文字《じゅうもんじ》小屋。伊勢湾台風で倒れた大木が横たわっていた原生林。甲武信ヶ岳は倒木が目立つ森の道が続いていた。頂上から眺めた富士山は、絵に描いたような長い裾を引き、雲海に浮かんでいた。

国境の山へ

甲武信ヶ岳は甲州、武州《ぶしゅう》、信州の境にある。地図を広げるたびに気にかかる山だが、その姿を確認できたのは美ヶ原からだけであった。頂上の王ヶ頭から見ると、八ヶ岳連峰北端の蓼科《たてしな》山が北に向かって長い裾を引いていて、その裾の中ほどの奥に、奥秩父《おくちちぶ》の山々が連なっている。南から甲武信ヶ岳、三宝山、武信白岩《ぶしんしらいわ》山、大山。その北側の鞍部《あんぶ》が十文字峠。

冬の夜明けは太陽が奥秩父の山から昇る。シルエットに見えるその山々を見ながら、いつの

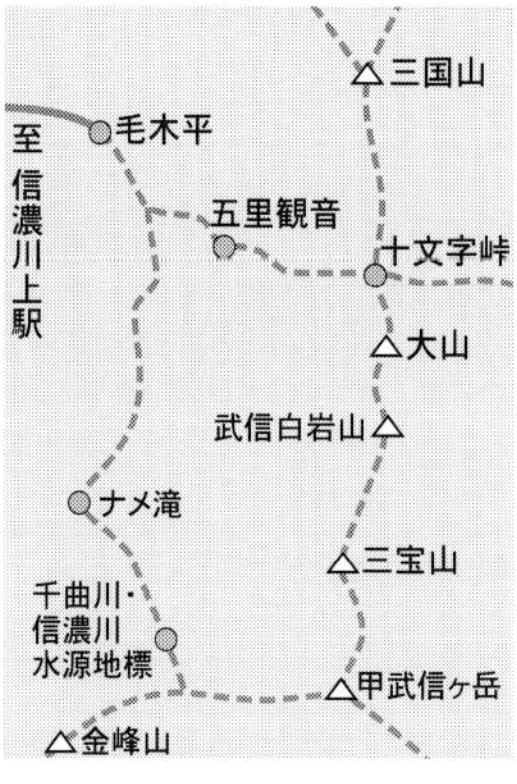

美ヶ原から見た奥秩父の山々

口か登りたいと思っていたところ、山仲間からの誘いがあった。静かな山旅ができる七月上旬、ＪＲ小海線の信濃《しなの》川上駅で待ち合わせ、信州側の登山口毛木平《もうきだいら》から十文字峠を経て、美ヶ原から眺めていた大山、武信白岩山、三宝山、甲武信ヶ岳を縦走し、千曲川の源流帯から毛木平へ下るコースである。

十文字峠

毛木平を出発して間もなく、千曲川ぞいの道から標識に従って東に曲がり、十文字峠への登山道を登った。武州道とも呼ばれるこの道は古代から中世にかけて、信州の佐久と武州の秩父を結ぶ重要な道であった。佐久側からは三峰《みつみね》講

一緒に登った山仲間の二人

の参詣道であり、秩父側からは善光寺参詣の道であったという。急坂の八丁坂にさしかかる少し手前の道脇に佇《たたず》んでいた五里《ごり》観音は、当時から旅人を見守ってきた石仏なのだろう。

八丁坂の頭から尾根づたいに登り、十文字山の巻き道を歩き、十文字峠へ着いた。標高約二〇一〇メートル、東へ下れば埼玉県秩父市大滝村。ずいぶん高い関東越えである。

以前セツブンソウの撮影で、大滝村の東京大学演習林へ行ったことを思い出した。今にも雪が降ってきそうな寒い日であったが、セツブンソウは白い花を開いていた。深い深い山に囲まれていた。今、その山のひとつにいるのだと思うと、自分で言うのもおこがましいが、ずいぶんあちこちと歩いてきたものだと思う。

十文字小屋は樹林の中であった。丸太を割った材木で建てているので、山小屋の雰囲気があった。入るとストーブに火が入っていて、受け付けより先にお茶をよばれた。夕飯も心づくしで感激したことを覚えている。なかでも、ぶつ切りのニンジンとジャガイモの煮付けがおいしかった。食後、山仲間のスコッチをいただいた。板張りの床、板張りの壁の部屋で寝床に就いた。泊まり客は私たち三人だけであった。

甲武信ヶ岳へ

翌朝、十文字小屋を後に、小屋の人が教えてくれた、コメツガやシラビソの原生林を訪ねた。今からおよそ半世紀前の伊勢湾台風のときに倒れた大木が、今も横たわる原生林であるという。

およそ一〇分ほど武州側に歩くと、その森があった。直径が一メートルもある苔むした倒木が、ところによっては束になって横たわっていた。明治以来最大の惨状をもたらした伊勢湾台風の破壊の力を、今も見せつけていた。朽ちた倒木の上に、実生から育った幼木が点々と並んでいた。

原生林と倒木

元の道に戻って、大山へ向かう。道の脇は、細い枝を広げたアズマシャクナゲが目立った。花が最盛期の六月上旬は、さぞ美しいことだろう。

ただ一輪、シャクナゲの花が目にすっと入ってきた。後ろから薄日に照らされ、ソフトな色調のピンク色をしている。その孤高の花の美しさに見とれた。あたりの森の雰囲気をとり入れて丁寧に撮影した。チッ、チッと小鳥がひとしきり啼《な》いてから飛び立つ羽音が聞こえたが、姿は見えなかった。

登山道を縛《しば》っているかのような木の根が多い尾根道をしばらく歩き、鎖場を登ったところが大山の頂上であった。ここから鋸歯状の両神山《りょうかみさん》を初めて見た。関東平野へ続く、雲取山《くもとりやま》などの

アズマシャクナゲの名残の花

深い山々が眺められた。山仲間と歩いたことがある日の出山や陣馬山《じんばやま》が見えているのではないかと思って地図を広げたが、どの山であるのか分からなかった。

武信白岩山の頂上直下の巻き道を通り過ぎ、丸い二つの大きな岩がぴったりとくっついた尻岩と呼ばれる滑稽な岩の下の森をひとたび下ってまた登り、頂上も木に囲まれた三宝山を越え、甲武信ヶ岳をめざした。美ヶ原から見た奥秩父の山の稜線を頭に描き、今そこを歩いていることをかみしめた。

甲武信ヶ岳山頂でまず目に飛び込んできたのは富士山である。雲海の上で、左右対称の美しい裾を長く引いていた。右に目を移せば国師ヶ岳《こくしがたけ》、金峰山、小川山が肩を並べている。南下の

甲武信ヶ岳からの富士山

西沢渓谷を覆った雲海は濃く薄く変化して、石《せき》塔《とう》尾根、信州尾根、塩山《えんざん》尾根の谷間に深く入り、静かに昇っては消えた。腰を下ろし、只ただ見ていた。初めて登った山であるのに、最高の場面に出会えたと思えた。その見晴らしを堪能した私たちは、甲武信小屋へ向かった。

千曲川源流

三日目、甲武信ヶ岳から国師ヶ岳へ続く稜線から分かれ、標識に従って北側の樹林帯をジグザグに下った。急坂が終わると広場があって、千曲川・信濃川水源地標と書かれた標柱があった。右手の下に、千曲川のはじめの流れが見える。さっそく、水筒とマグカップを持ってその水を汲みに下った。水が湧き出ているところは水溜まりになっていて、小さなさざ波が空を映していた。冷たくて、おいしい水だった。広場に帰り、お湯を沸かし、紅茶を楽しんだ。

ここから下る千曲川源流帯は、岩も森も倒木も、すべて柔らかくて豊かな苔に覆われていた。苔が道を塞いでいるところがあり、通過するのをためらうほどであった。よほど苔の生育に適しているのだろう。その状態は一時間以上下ったナメ滝を過ぎても続いた。

ナメ滝の少し手前の西側にあった涸《か》れた沢も、苔むした緑色の石が敷き詰められていたことが印象深い。北八ヶ岳など、苔に覆われた山を歩いているが、千曲川源流帯ほど苔に覆われている山を私は知らない。

毛木平が近づくと、木にからまったマタタビの白い花をたびたび見かけた。梅の花を思わせる清楚な花だ。緑に美しく映えていた。

千曲川源流

第五章　来し方

北アルプスの麓《ふもと》へ

旅には、その後の生きかたさえ変えてしまう出会いがある。いかに自分にあった仕事をするか、人生には一度や二度、決意を固めるときがある。手さぐりで歩いてきた、信州での四半世紀を、初めて振り返った。

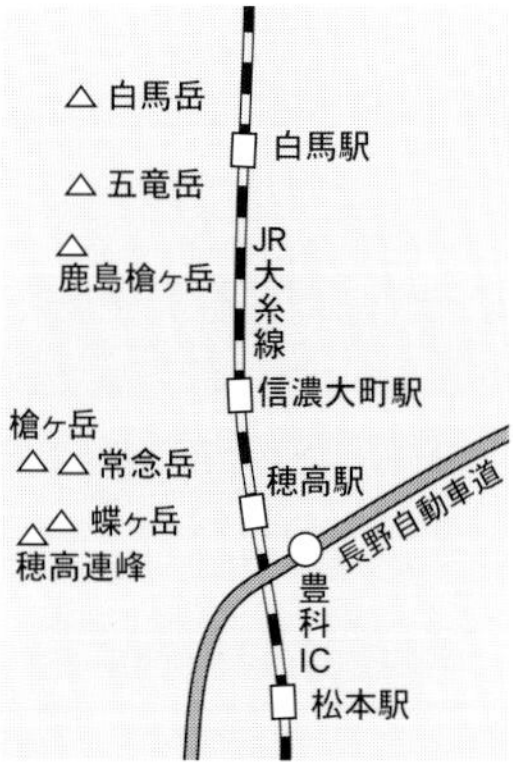

旅立ち

はじめて北アルプスに出会ったとき、私は麓に移り住むことを約束したのかもしれない。白い峰々が紺青色の冬空に連なる壮麗な景観に、心すべてを奪われてしまった。糸魚川《いといがわ》からJR大糸線に乗って、白馬《はくば》村、大町市、松本市へと旅をした、昭和四六年二月中旬のできごとであった。

移り住んで四半世紀すぎた今思い返しても、はじめて見たその日の北アルプスや麓の冬景色

冬の白馬村

は、信州の冬における最も美しい姿であった。

電車が白馬村の信濃《しなの》森上《もりうえ》駅にさしかかると目に飛び込んできた、まだ名前も知らなかった白馬三山から不帰嶮、唐松岳、五龍岳に釘づけであったことが思い出される。

信濃大町駅から大町温泉郷へ向かうバスの窓から眺めた、二つのピークが天を突く、鹿島槍ヶ岳の端正な姿に只ただ見とれるばかりであった。

あまりにも衝撃的な北アルプスとの出会いであったことから、その後、季節を問わず暇さえあれば信州へ通った。安曇野《あずみの》、美ヶ原《うつくしがはら》、木曽《きそ》、戸隠、志賀高原。あちこち訪ねるうち、信州は、一生涯の撮影対象と考えている野草の宝庫であることも分かった。

カタクリ

なかでも、屏風を立てたかに見える北アルプス北部の麓が素晴らしかった。地形、気象が複雑であることから、多種多様の花に出会えるのだ。

春は雪解けを追ってフクジュソウやキクザキイチゲ、ショウジョウバカマなどが山裾《やますそ》を彩り、カタクリやザゼンソウが林の中を紅く染める。

やがて、シラネアオイやヤマシャクヤクなど、清楚な花が咲く。山だけでなく、花々が私の心をゆさぶった。

乾坤一擲《けんこんいってき》。昭和五六年八月五日、家族を乗せたメタルトップのジープに家財を積んだトラックを連ね、北アルプス山麓の大町市へ出発した。

名神高速道路に入り、大阪の風景が遠のいてゆくなか、大粒の雨が窓をたたきはじめた。向かう東の空は青鈍色《あおにび》の雷雲に覆《おお》われ、これから先のことを暗示しているように思えた。

仁科の里

希望と不安が交錯した門出であった。

仁科の里・大町市

大町市は、白馬村と安曇野市という観光地の狭間に取り残された静かな町であるが、中世は、この地域一帯を治めた仁科氏の居城があり、政治、文化の中心であった。

市街を俯瞰できる鷹狩山《たかがりやま》の展望台に行くと、鹿島槍ヶ岳、爺ケ岳、岩小屋沢岳、蓮華岳、北葛岳、七倉岳、餓鬼岳にぐるりと囲まれているかに見える。市街地にも郊外にも、鎮守の森が点在している。

そのなかに重要文化財である若一王子《にゃくいちおうじ》神社があり、優美な三重の塔が常盤緑の老杉に囲まれ

鷹狩山からの大町市

ていて、文化の中心であった往時の面影をとどめている。
大町で迎えたはじめての朝、家をゆるがす爆音に驚いて目が覚めたことが思い出される。急ぎ外に出ると、ヘリコプターが低空で飛び、田んぼに白い霧を噴霧していた。農薬の空中散布であることを後で知った。今にして思えば、ずいぶん乱暴なことをしていたものだ。
大阪という大都市から移ってきた私にとって、驚かされたことは他にもたくさんある。八月なのに夏布団では寒いので、冬布団を使う日が多かった。街の中を、透明な水が普通に流れていた。車が通ると、その排ガスが臭ってくるほど、空気がきれいであった。

簡素に生きたい

移り住んだのは、自然が素晴らしいからという理由だけではなかった。

大阪時代は、昭和四二年から豊中市の服部緑地の近くに写真事務所をもち、建築や工業の撮影を生業にしていた。

日本が高度成長期であったことから、仕事はいくらでもあった。撮影が重なり、友人に手助けしてもらうこともしばしば。それでもさばききれず撮影が重なるので、電話が鳴るたびにドキリとするようになった。さらに、電話をとることが恐ろしくなっている自分に気づき、愕然とした。今にして思えば、軽いうつ状態であったのかもしれない。

そのようなことから、人生について、真剣に考えるようになっていた。真の豊かさとは、物質的なこと以前に心のほうが大切であることを、身にしみて感じるようになっていた。仕事の合間にたびたび通っていた信州の自然にふれるたび、その思いを強くした。

「信州に移り住んで、〝自然をテーマ〟に仕事がしたい」

思いはつのるばかりであったが、容易なことではない。移り住むことは簡単であるが、食べてゆくことの難しさが予想できる。

悩んでいるとき、写真家鎮谷和夫《しずたにかずお》氏が紹介してくださった一人の写真家にたびたび教えを請うことで、自然写真家への道が開けた。大阪万国博覧会のお祭り広場のプロデューサーとして来られていた、祭り・民俗写真の第一人者芳賀日出男《はがひでお》先生である。

先生はいつも私に、「写真家を志すのであれば、写真が撮れるだけではなく文章を書かなければダメだ」と、ことあるごとに諭《さと》してくれた。

私は小学校のときから、ものを工夫して作ることは得意であったが、作文は苦手。しかし、先生の教えであったから、取材したら必ず紀行文を書くことに努めた。甲斐あって、志を得ることができた。芳賀先生のおかげであり、心から尊敬し、感謝している。

もう一人、入江泰吉《いりえたいきち》先生の影響がある。入江先生は大阪で仕事をされていたが、戦後は故郷の奈良に帰り、大和路（奈良）を生涯にわたり撮影した写真家だ。

私がＪＰＳ（日本写真家協会）に入会して間もない昭和五一年、先生は菊池寛賞を受賞された。関西のＪＰＳ会員が集まって京都のある料亭でお祝いをしたとき、「ふとした動機から、今日に至るまでひたすら大和の古寺風物の遍歴を繰り返してきた」との先生のお話に、深く心を揺さぶられた。私は、入江先生のように生涯にわたり、いちばん心ひかれるところ、すなわち信州を撮影してゆく写真家になりたいと思った。そのように生きることが、私に合っていると、考えるようになったのだ。

志を遂げるには、信州に通って自然を把握しなければならない。また、移り住んでから数年くらいは収入が少なくても、食べてゆけるだけの貯えがなければできない。

そのようなことから、自然写真家を志して信州へ移り住むまでに一〇年の歳月を要した。一〇年かけても万全ではなかったが、すでに三六歳、ここで実行しなければ、あとにチャンスはないと思った。

大阪での最後の仕事は、昭和五六年七月、京都にはじめてできた地下鉄と地下街の、記念写真集の撮影・編集であった。

印刷・製本が七月末にあがり、クライアントの共同企業体に納めると、一週間後に信州へ移住した。

振り返ると、信州へ移り住むことができた原動力は、自然写真家への思いだけではなく、精神的にハードな仕事からの逃避が頭のどこかにあったことも大きかったと思える。

不安な日々

不安はいつも不意にやってきた。まぎらわすための酒を飲んだこともあるが、心を平安に導いてくれたのは自然の〝ことのは〟であり、山であり、音楽であった。不安の度合いはちがうが、それは今でも同じである。

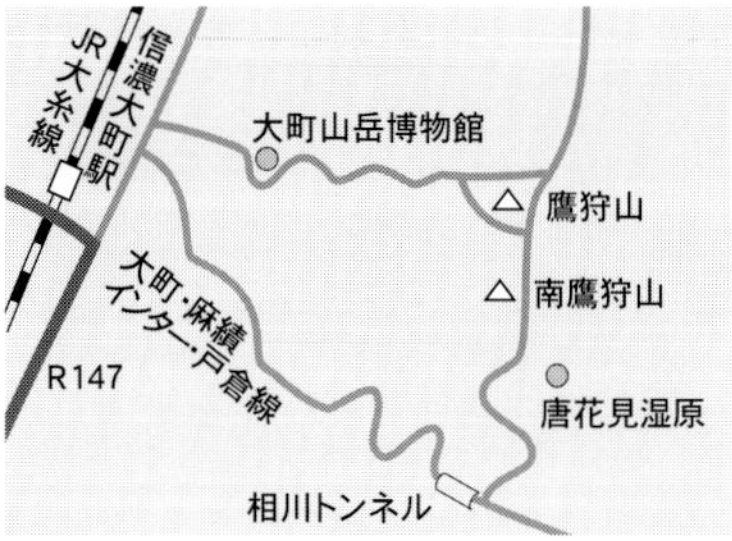

花を訪ねて

移り住むと、蓮の葉にこぼれ落ちた水滴がツーと転がるように、くる日もくる日も野山を歩き、花や自然を撮影する日が続いた。

しかし、自由に野山を訪ねる日々は気ままなようで、厳しいものがあった。腰をおろして休んでいるとき、風に吹かれながら帰途につくとき、不意に言いようのない不安が私の心を締めつけてきた。

ヤマシャクヤク

　ある日、白馬村岩岳の中腹で「ゆいペンション」を営む、由比得雄《ゆいとくお》さんと知り合った。定年退職後、気に入っていたこの地に第二の人生をかけた人だった。北アルプスが見える麓に魅せられて移り住んだ、という共通の話題があり、ときおり訪ねるようになった。
　シベリア抑留《よくりゅう》経験がある方だけに、話に重みがある。私が抱いている不安など、たいしたことではないとの思いがして、いつも勇気づけられた。
　話が植物になると、奥様が加わった。野草の花に造詣が深い方で、エビネ、キバナイカリソウ、ヤマシャクヤクなど珍しい花が咲くところをよく知っていて、案内してくださった。すでに還暦をすぎているのにカモシカのように足が速いので、私も由比さんも追いつけなかったことが懐《なつ》かしく思い出される。

今では滅多《めった》に見かけなくなったエビネが、当時はあちこちの雑木林にいくらでも群生していた。林の縁や岩陰に、キバナイカリソウがたくさん咲いていた。

ひと目見るだけで心を奪われたのは、ヤマシャクヤクである。わずかに金粉を蒔《ま》いたように感じられる、白い花弁が美しく合わさっていて、真上が少し開き、なかに蕊《しべ》が見えている。その端正な形と、上品な美しさに魅せられた。

今もときおり、「ゆいペンション」を訪ねる。由比さんは亡くなられ息子さんの代になったが、奥様はお元気で、花の話になると、ひときわ目を細める。

山の花仲間大勢と訪ねるときは、夕食後に花のスライド映写が恒例になっていて、奥様にも一緒に観ていただく。終わるといつも、「元気なとき、白馬岳のお花畑を見たかった」と言われる。今にして思えば、あの時、一度案内してさしあげればよかったと思う。

北アルプスの稜線が色づきはじめた一〇月のはじめ、芳賀先生ご夫妻が訪ねて来てくださったことがある。新潟での取材のあと、わざわざ信州まで足を延ばしてくださっただけでも感激なのに、土産に新米三〇キロを、車のトランクに積み、持ってきてくださった。

いつにも増して、先生の優しさが身にしみた。地に足をつけて取材するようにとの、先生のひと言ひと言が、身にしみ込んだ。

風の色

移り住んで間もないころ、家から二〇分ほど車を走らせた南鷹狩山の唐花見《からけみ》湿原によく通った。

ミヤマウメモドキ

野球グラウンドくらいの小さな湿原で、晩秋にたくさんの小さな赤い実をつけるミヤマウメモドキ林の他には特に目をひくものはないが、滅多に人に会わないことが気に入っていた。

高さ一メートルほどの木道が続いていて、晩秋まで、湿原の中ほどでヒツジグサが咲く。薄緋や薄香色に染まった丸い葉の間に、スイレンを思わせる純白の花をつけていて風情がある。

また、枯れ色になっても、装飾花が形をとど

唐花見湿原

めるノリウツギが点々とある。砥《と》の粉《こ》色の小さな実を連ねたクサレダマも、よく見かける。見て歩くだけで、心が落ち着いた。

「楽しみながら歩けば風の色が見えてくる。歩いて風の色が見えたこともあり、見えなかったこともあります。心を解き放つことができないときは、風の色は遠のきます。見えたとしてもほんのひととき、ということがあります。ほんのひとときでもいい、と一期一会の風の色を求めて、歩きます」

歩きながら、「天声人語」で覚えた「風の色」を口ずさんだ。夕暮れになると、草ずれの音がひときわ大きく聞こえ、心許《こころもと》なかった。

家にいても夕暮れどきは、なんだか心許なかった。一日が終わった安堵の気持ちもあるのだが、いろんな心配ごとが心にからまりついている。そのようなとき、出窓に腰かけて、北アルプスを見ながら音楽を聴くのが習慣になっていた。

不思議なもので、それまでによく聴いていたポール・モーリアやレイモン・ルフェーブルの

ノリウツギ

明るくて軽やかな曲より、哀愁を秘めたロドリーゴのアランフェス協奏曲、信じられないほど美しくはかない音がこぼれ落ちるショパンの夜想曲のほうが心に響き、好んで聴いた。

このようなことをしていて、いいのだろうか。不意に、不安が波のように次から次に押し寄せることがあった。このままでは、太宰治の小説『人間失格』の主人公大庭葉蔵のように、奈落に落ちてしまうような不安があった。その不安を、一杯の酒で、脱け出した。

静かに暮れてゆく山々も、いつしか不安を忘れさせてくれた。ぼんやり眺めていると、大阪でのことが次々に思い出されては消え、ひとつの時代が終わり、新しい時代がはじまったのだという感慨に包まれた。

北帰行

渡り鳥は、昼は体内時計と太陽の位置によって、夜は北極星を巡って周回する星空から、北を知るという。そうだと分かっても、シベリアまでの四〇〇〇キロ、よく迷わないものだと思う。神秘的な鳥の習性だ。

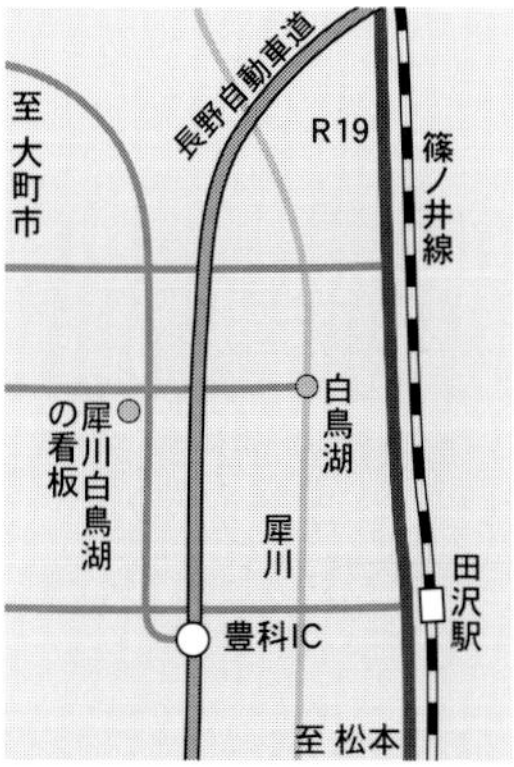

安曇野の白鳥湖《はくちょうこ》

安曇野の白鳥湖と呼ばれる、犀川ダム湖のコハクチョウの北帰行がはじまったとのニュースで、春の兆《きざ》しに気づく年が多い。

それより少し前の二月下旬、コハクチョウは降りしきる雪の日であっても練習飛行に余念がない。

淡い銀鼠色の羽が残る幼鳥も親鳥と同じように長い首を真っ直ぐに伸ばし、遠くを見つめ飛んでいる。彼らは何を感じて、シベリアに帰る日が近いことを知るのだろうか。

夜明け前に飛ぶ姿が幻想的だ。わずかに青色を帯びたモノトーンの景色の中を、白い羽を羽ばたかせて飛んでゆく。

その情景を写したくて、「流し撮り」という技法で撮影した。飛んでいるコハクチョウをカメラで追いながらスローシャッターを切るのである。

すると、コハクチョウの羽が上下に羽ばたいて写る。背景は流れて写る。動感とスピード感が表現できる撮影技法だ。

しかし、コハクチョウが思うところを飛んでくれるとは限らないから、そのシャッターチャンスのために通うことになる。

写真と絵とは違う。絵は、たとえばシャガールのように一枚のキャンバスに故郷の思い出や夢のような非現実の世界を重ねて描くこともできるが、写真は文字どおり「真を写す」ことしかできない。けれど写す人の対象への思いで、絵とは違った表現ができる。流し撮りも、その中のひとつだ。

また写真は、主題にピントを合わせて背景や前景をボカすことができることも、絵と違う。だからいつも撮影をはじめる前に、どのように撮ればイメージに近づくことができるか検討する。

しかしそれでも、懸命に練習飛行するコハクチョウが醸《かも》し出す緊張感を写し撮ることは、たやすいことではない。

安曇野犀川ダム湖にはじめてコハクチョウがやってきたのは昭和五九年、私が安曇野に移り住んでから三年後のことだった。それから二十数年経った現在は、すぐ隣の御法田《ごほうでん》遊水池とあわせて一〇〇〇羽を超す。

毎年、全国から多くの人たちが見にやってくる。いつしか、最寄りの長野自動車道豊科インターを下りたところに、高さが数メートルもある、銀色に輝くモニュメントが置かれている。飛来したコハクチョウが無事に越冬できるよう「アルプス白鳥の会」ができ、ボランティアで餌の確保や環境の整備に努めている。朝、昼、夕の三回、胸まである防水服で凍《い》てつくような冷たい水に入って、餌を与えている。

上品で美しいコハクチョウへのいとおしい感情や、身近にやって来たコハクチョウへの優しい思いからの餌付けに違いない。

けれど専門家は、昼間は餌を求めて付近の田畑などに飛んでゆき、夕方に帰ってくるのが本来の姿であって、三食あることがコハクチョウにとってほんとうによいことであるのか問題が

流し撮りをしたコハクチョウ

あるという。

餌付けされたコハクチョウが、釣り針や釣り糸で傷つく事故もたびたび新聞で報道される。なかでも猟銃の鉛の散弾による、鉛中毒の記事がいたましい。コハクチョウは食べ物を消化する助けに小石を飲み込む習性があるので、散弾の鉛を飲み込んで苦しむ事故が絶えないのだそうだ。

遠いシベリアからはるばるやって来て、安曇野の地でそのような災難に遭うのは、あまりにもいたわしい。

白鳥湖は、餌を与える時間以外は静かなことが多い。コハクチョウの多くは中州にうずくまっていて、ひたすら眠っているように見える。ときおり、どこからともなく水面へ舞いおり

白鳥湖

た数羽が、流れに乗って前を通りすぎてゆく。こういう長閑《のどか》な景色を眺めていると、彼らはやがてくるシベリアまでの旅を乗り切ることができるのだろうかと、気にかかる。

この時間帯は私も腰を下ろし、連なる北アルプスの山々を眺めた。正面には、山腹に幾筋もの沢の雪が白く光る大滝山が、その右どなりには稜線が弓なりに凹《へこ》んだ蝶ヶ岳が、さらに右どなりには安曇野のシンボル常念岳が見える。

ぼんやりとしたときのなかで、やがてはじまるであろう北帰行のことを空想した。

北帰行

はじめて北帰行を見た日のことが思い出され

る。

三月はじめであった。夜が明けて間もなく、いくつかの家族が次々に水面を駆けるようにして飛びたち、ひとたび南に向かったあと引き返してきて、見送る私たちの方へ向かってきた。真上を飛んでゆく瞬間、なんとも言えない感動を覚えた。白鳥の会の人たちのようにひと冬見守ったのでもなければ、特にコハクチョウへの思いがあったからでもない。よくは分からないけれど、シベリアに向かって四〇〇〇キロという遥《はる》かな旅立ちという感慨が胸を打ったのだろう。

渡り鳥は羅針盤のようなものを、生まれつき具《そな》えていると考えられているという。昼は体内時計と太陽の位置によって、夜は北極星を巡って周回する星座から、北を知る。曇っていて太陽や星が見えないときは地磁気を感知して方角を知る、というのが定説になっている。

渡り鳥のなかには八〇〇〇メートル級のヒマラヤの峰を越えるアネハヅルもいて、その姿を以前テレビで見たことがあるが、いずれも神秘的な鳥の習性であり、感じ入る。

見送ったあと、なんだか力が抜けたように、身動きできなかった。ポカンとしているより仕方ない気持ちだった。心のどこかに穴があいたような気もした。寒いことも忘れて立ち尽くしていたのは、私だけではなかった。

北帰行

上高地

訪れるたびに、目の前に立ちはだかる岩の大伽藍に圧倒された。名高い観光地であるから銀座のように人が多いが、上流へ向かって歩くと、静かな森が続いていた。道の脇には清楚な花が咲いていた。

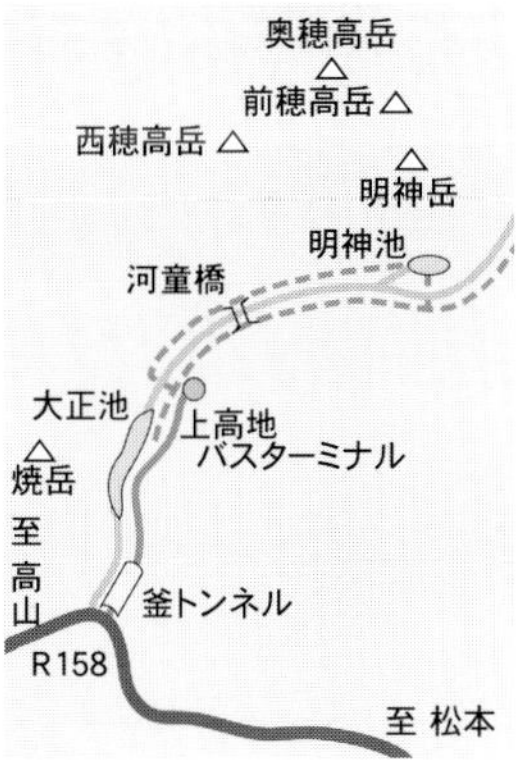

上高地への道

松本から上高地へ向かう国道一五八号線が松本平を過ぎると、梓川をはさんで北側は小嵩沢山《こたけざわやま》と霞沢岳《かすみさわだけ》、南は鉢盛山《はちもりやま》と乗鞍岳の急峻《きゅうしゅん》な尾根が十二単のように重なって延々と続く。道は蛇行し、車はいくつものトンネルを縫って走る。奈川渡《ながわど》ダム手前の入山トンネルは狭くて暗いので、対向車が大型車であると、いつも緊張を強いられる。

奈川渡ダムに堰《せ》き止められてできた梓湖の尻尾に沢渡《さわんど》の集落があり、ここの駐車場に車を置いて上高地行きのバスに乗り換える。以前は、上高地バスターミナルまで車で入れたのだが、今は自然保護のためマイカー禁止である。

上高地

バスが上高地の門とも言える釜トンネルを抜けると間もなく、左手に焼岳《やけだけ》が見えてくる。頂上付近から白い噴気をあげる、標高二四五五メートルの活火山だ。山腹を走る大亀裂がひときわ目をひく。

焼岳は、明治四〇年一二月の爆発から大正一四年までの二〇年間に、六二回もの爆発を繰返した。

山腹に大亀裂ができたのは大正四年六月の爆発である。一九〇〇メートル付近に数個の火口ができ、そこから流れ出た泥流が梓川を堰き止め、大正池ができた。近くでは、昭和三七年に大規模な水蒸気爆発が起きた。

山腹の植生が、焼岳は面白い。大正池を挟んで対岸から見ると、中央を走る大亀裂の左側は枝をイナズマのように曲げたダケカンバの森で、右側は垂直に伸びたカラマツの森である。

いずれの森も林床に緑のササが生い茂っていて、稜線近くの焦げ茶の岩との色合いが素晴らしい。この山容と山腹の森の美しさは、伯耆《ほうき》富士と呼ばれる大山とともに、富士山に引けをとらないと私には思える。

息を呑む景色とはこのような景観を言うのだろう。太兵衛平《たへえだいら》バス停を過ぎると、穂高の峰々が不意に正面に立ちはだかる。濃い鼠色の峨々《がが》とした岩峰が並び、そびえている。北アルプス北部の麓に住んで日々山を見ている私だが、ここから目に飛び込んでくる穂高の威容に、いつも打たれる。

焼岳

　大正池ホテルのバス停で降り、ホテルの脇から大正池の湖畔に下る。先に述べた焼岳から鋸状の西穂高岳の峰々やひときわ高くそびえる奥穂高岳、奥穂高岳と吊尾根で結ばれた前穂高岳と明神岳が、大正池を囲っている。

　四半世紀ほど前、母をここへ案内した。大分

大正池と穂高連峰

県佐伯《さいき》市郊外の、標高数百メートルの山ばかり見ていた母はこの景観に、只ただ立ち尽くしていた。

季節は秋で、新雪をいただく稜線の上に長く尾を引いた細い雲が流れていた。しばらくして母が、あんな山に登って花を撮影するのはとても危険だからやめたほうがいいと、つぶやくように言った。やさしいまなざしのなかに、厳しさが感じられ、答えられなかった。

河童《かっぱ》橋《ばし》付近からの穂高の眺めは、手前が大正池に変わって梓川となる。一段と山に近づくので、いっそう迫力が増す。

奥穂高岳と前穂高岳を結ぶ吊尾根の下に、岳沢の草地が広がっている。さらに下は、コメツガなどの針葉樹に広葉樹のダケカンバが混じっている。

雨の日、前穂高岳から下ってこの森の道を歩いた。岩礫《がんれき》や石ころばかりの細い道にダケカンバの薄黄色の葉が敷き詰められていて、静かなその情景が強く目に焼きついている。

歩きながら、この原始の森のなかには、どのような花が咲くのだろうかとの思いが廻《めぐ》った。イワカガミ、ゴゼンタチバナ、マイヅルソウ、エンレイソウ、ユキザサ、カニコウモリなど、林縁を彩る花とは違った植物が人知れず咲いているに違いないと思った。

コチャルメルソウ

風に吹かれて明神池《みょうじんいけ》

明神池へは、往きは川の左岸を歩く道をよく通った。五月から六月にかけては、道脇の花が楽しみだ。

小梨平のテント場を過ぎると、カラマツの林床に、レンプクソウが淡い黄色の花を五個つけている。針葉樹林の下では、屋台の中華そば屋などが用いるチャルメラという真鍮製の笛に似たコチャルメルソウの花を見かけた。よく目立つイワカガミの赤い花はいたるところで咲いていた。

道は突然森から明るい砂地に出る。六百山《ろっぴゃくざん》の沢からの押し出しだ。沢の両岸の木々はそのときすべて倒されたのだろう。風化した大木があちこちに横たわり、一帯は実生から育ったハンノキやカラマツの細い木が竹林のように密生していた。純白で香りがよい花をつけたコナシの大木が数本ある明神分岐を左折し、明神橋を渡ると間もなく明神池に着く。明神岳の崩落砂礫によって堰き止められたものといわれ、一ノ池から三ノ池まである。

一ノ池には桟橋があり、森に囲まれていて、ひっそりと静まりかえっている。岩石が点在している二ノ池と三ノ池は庭園を思わせる優雅な雰囲気だ。撮影していると、どこからともなくカモのつがいが現れ、二つのV字形の波を残して前を通りすぎた。

明神池入り口の近くに、嘉門次小屋がある。嘉門次は明治期の登山ガイドで、上高地をこよなく愛した宣教師であり登山家のウォルター・ウェストンや、後に日本山岳会初代会長となった登山家・小島烏水《こじまうすい》など、多くの登山家を槍・穂高へ案内したという。

明神池

　昼食で幾度か立ち寄った。中に入ると、年季がはいった大きないろりや椅子があり、昔の山小屋の空気があった。北アルプスの山小屋の多くを訪れているが、なかなか出会えない雰囲気だ。

　帰りはいつも、梓川右岸を通った。シナノザサが生い茂るシラビソやウラジロモミの森をとおして、逆光で黒い崖が続いているように見える六百山と霞沢が見え隠れした。ときおり、梓川のせせらぎが聞こえてきた。

カメラとレンズ

「弘法筆を択ばず」というが、凡夫の私はそうはいかない。理想のカメラを求めて改造する。うまくゆかず、壊してしまったカメラが何台あることだろう。それでも思うことがあると、また改造をはじめる。

たくさんカメラはあるけれど……

花を撮影するには、ハーフトーンの描写力に優れ、ボケ味が美しいレンズがほしい。微妙にピント面をコントロールできるアオリ機能がついた一眼レフのボディーが望ましい。しかし、多種多様なカメラが市販されているにもかかわらず、そのような中判カメラはないのである。

それで、花を撮影するためのカメラを作った。

個人でカメラを作ることが可能だろうかと思われるかもしれないが、カメラとはとても簡単

ライカ

な機械である。ピンホールカメラの原理で、暗箱にシャッター付きのレンズをつけ、反対側にフイルムがあればよい。問題は、中判の一眼レフカメラボディー（暗箱）に、遠近と左右に対し焦点を移動できるアオリ機能をいかにして組み込むかであった。

アオリ機能。これは撮影者が表現意図によって画面内の複数の焦点を自在にコントロールできる機能で、テクニカルビューカメラと呼ばれる大型カメラに備わっている。これを一眼レフの中判カメラボディーに組み込めばよい。

素晴らしい機能を備えたボディーができても、レンズとシャッターがよくなければ、美しい花の写真を撮ることはできない。レンズが大切なことは言うまでもないが、花の撮影ではシャッターが重要である。

カメラのシャッターは、レンズに入ってきた光の量を調節する機能と、写す対象をどこからどこまでピントを合わせるかという被写界深度を調節する役目がある。花の撮影ではさらに、ピントをはずしたところのボケ味がシャッターに求められる。

ボケ味のよし悪しは、レンズ構成もさることながらシャッターの絞りの形で決まる。シャッター羽根の枚数が多くて、絞り込んだとき円に近い形のほうがよい。

ところが一眼レフカメラのレンズは、絞りの羽根が五～七枚と少ない。これは一秒間に約一〇枚も連続して撮影できる機能を備えているためで、高速でシャッターが切れるたびに絞りを開け閉めしなければならないのであるから、シャッターの羽根を多くすることがむずかしいのだ。当然ボケ味は美しくない。

ライカのM型カメラで撮影した人物写真の背景のボケ味が素晴らしいことを、耳にしたことはないだろうか。多くの人は、ドイツ製の高級機であるからだと思っている。だが、そうではない。ライカM型でボケ味の素晴らしい写真が撮れるのは、無理のないレンズ構成だけでなく、シャッターの羽根の枚数が多いことと、羽根の形にある。広角の三五ミリで九枚、中望遠の七五ミリや一三五ミリは一〇枚あり、その一枚一枚が美しい形の絞りができるように弧を描いているのだ。だから、ライカであっても一眼レフカメラであれば、先に述べた理由でボケ味は悪くなる。

ではライカのM型カメラで花を撮ればよいではないかと考えられるが、M型カメラはレンズの左上にあるファインダーで対象を見て撮影する連動式距離計であるから、花など小さいものを撮影するには向いていない。

カメラを作る

子どものときから、私はものを作ることが好きだった。チャンバラの刀、竹トンボ、突き鉄砲、ゴム銃、竹笛など、遊び道具は小刀（肥後守《ひごのかみ》）ひとつで作った。

そのことが、大人になってから役に立ったと思う。なんであっても、ないのであれば作ればよいと考えるからである。

カメラは、はじめに記したようにシャッター付きのレンズと、フイルムを装塡できるボディーがあればできる。私が選んだボディーは、ローライSL66という中判の一眼レフカメラである。このカメラは上下に八度レンズをティルトする（傾ける）ことができるアオリ機能を備えている。つまり、絞りが開放であっても手前から無限までピントを合わせることができる画期的な機能を備えたカメラだ。このカメラに、左右にスイング（焦点移動）ができる機能を追加すれば、花を撮影するのに申し分ない。しかし、ローライＳＬ66は他にも多くの機能を搭載しているので、それは不可能なのだろう。私は、その他の多くの機能を犠牲にして、左右も焦点移動できる機能を加えた。

次はシャッター付きのレンズ選びである。リンホフテヒニカという大型カメラで使っているレンズを次々にテストした結果、カールツァイスのプラナー一三五ミリレンズが最適とわかった。ハーフトーンの描写力に定評があるレンズである。

プラナー一三五ミリに、どの絞り値においても絞りの形が円をつくるコンパーという精密なシャッターを装着した。こうして、世界に二つとない、花を撮影するのに適した私だけのカメラができた。操作は大型カメラのように、シャッターをセットして絞りを開き、ファインダーを見ながらアオリ機能を使う。それから被写界深度を決め、シャッターを切る。

メカニカルカメラなので少々手間がかかるが、花の撮影にはこの上ない中判の一眼レフカメラだと思っている。

マクロレンズを追加した。同じくカールツァイスのルミナー一〇〇ミリである。マクロ撮影を可能にする鏡胴をつけ、シャッターは同じくコンパーを取りつけた。私はこのカメラを携え、北アルプスをはじめ野山の花を撮影して歩いた。結果は、大いに満足できた。

今も、必要とあればカメラを作らなければと思う。それは、コンサートに行ったときに感じることが多い。演奏者が、美しい音を奏でるためにどれほど努力しているのだろうか、ということがビンビンと伝わってくるからだ。自分の写真を振り返ってみて、よりよい写真を撮影するために常に努力をしてきただろうかと、考えさせられる。

写真は、カメラを使ってできるものである。しかし、だれが撮っても同じではない。花であれば、撮る人の花への気持ちが、美しく撮りたいとの思いが、花に対する知識が、写真に表れると私は信じている。

プラナー135ミリレンズ

絵画と写真

写真誕生から約一七〇年、絵画と写真は相互に影響しあってきた。写歴四〇年の私は、常に絵画から多くを学んだ。そうして絵画とは違う、口絵に選んだような、写真ならではの表現ができる対象を多く撮っている。

写真の誕生と絵画

写真は誕生する前から、絵画と深いかかわりがある。ルネッサンス期にはすでにカメラの前身であるカメラ・オブスキュラという、四角い箱にあけた小さな穴を通過した光が反対面に倒立像を結ぶ針穴写真機のようなものがあった。遠近法についての記述で、レオナルド・ダ・ビンチがこのカメラ・オブスキュラについて解説している。

また、昨年（二〇〇七年）の秋、国立新美術館で見たフェルメール（一六三二〜一六七五）

の「牛乳を注ぐ女」も、カメラ・オブスキュラを活用していたのではないかという遠近法の解説があった。

一八三九年、ダゲールの写真発明がフランスのアカデミーで発表されると、絵画と写真は相互に影響しあうことになる。

このことは、とても興味深い。画家は、写真という写実を目の当たりにして大いに戸惑ったのだ。ギリシャ神話をテーマに数多くの裸婦を描いたアングルが、「写真は画家を脅かすものであり即刻禁止せよ」という抗議デモの先頭に立ったというエピソードひとつをとっても、写真の誕生は多くの画家にとって計り知れない衝撃であったことが伝わってくる。

だが、写真と絵画の密接な関係が続く。アングルの代表作のひとつ「泉」は、自身のモデルを写真スタジオで撮らせたヌード写真をもとに描いた作品であるという。

パリ・オペラ座の踊り子を描いた作品で知られるドガも、写真を活用した。アマチュア写真家でもあったドガは、写真のように瞬間をとらえた作品が多い。他にも、ドラクロア、クールベ、マネ、ロートレックなど、一九世紀末の画家は写真を活用している。画家に写真的なものの見方が広がった時代であった。

写真も、絵画の影響を受けた。それは、写真は造形することも創造することもできないと詩人ボードレールが批判をしたことに端を発し、一九世紀末には、写真に絵画化の流れが生まれた。ヴィクトリア女王に買いあげられたレイランダーの「人生の二つの道」は、その典型である。しかし、ピクトリアリズム（絵画的な写真芸術主義）は短命に終わった。

絵画に印象派、立体派、未来派、抽象絵画とさまざまな志向とスタイルが生まれたように、二〇世紀初頭、写真表現の本質を再認識しようとするアルフレッド・スティーグリッツらのストレート写真運動が生まれる。それは絵画的写真から決別して、対象に自己の内面を重ねて表現する近代写真である。

一九三〇年代は、写真表現が詩的な対象を発見し、自然の本質を表現する写真家を多く輩出した。貝殻や草木などを正確な質感で描写し、形態の命をとらえようとしたエドワード・ウェストン。ヨセミテ渓谷を叙情詩のようにうたいあげたアンセル・アダムス。ロッキー山脈の巨大な岩石や樹の根などに自己の精神を重ねたポール・ストランドなどである。

ザ・クリエーション（天地創造）

一九五〇年代、カラー写真が登場してくると、エルンスト・ハースが活躍した。私は二〇代のときにこの写真家に影響を受けた。ハースが撮影した闘牛は、スローシャッターで動きが表現されていて、その迫力と色合いの美しさは、それまでに見ていたどの写真より感動した。殴られたような衝撃であった。

ハースの写真に魅せられた私は、一九七一年に出版された写真集『ザ・クリエーション』を、丸善書店で手に入れることができた。

聖書の天地創造をテーマにしたこの写真集は、ハースの感覚と精神による一大叙情詩であった。地球の誕生から始まる最初から圧倒された。地球がまだドロドロであったシーンを、メキシコアワビの貝殻の一部に当たった光の色合いのなかに見て撮っているのである。写真の神秘性に私が目覚めたのは、このときからであった。

写真の世界

ハースの写真を知って二〇年ほど過ぎた一九九三年、新宿・小田急美術館で「エルンスト・ハース展」が催された。その日が待ちどおしくて、前日から上京したことが思い出される。

ハースは、「写真家は、写真以外のすべてのアートとつながっていなければならないと思

シラネアオイ

チングルマの冠毛

う」と述べている。私はその言葉に安堵した。自分がひかれる対象をいかに表現するかということについて、写真より他のジャンルから刺激を受け、進む道を見つけていたからである。

その中のひとつである花では、主題の花と、焦点をはずした背景の情緒とが響きあって、花の持つ雰囲気や、花にあらわれた表情を写し取ることを心掛けた。

マクロレンズを使った小さな自然も、写真ならではの世界だと思う。マクロレンズを通して見る小さな自然の微妙な移《うつ》ろいをレンズで切り取るのは俳句に似ていて、常に新しい発見がある。

もうひとつ、力を注いでいる写真がある。目に見えている世界とは違う、シュールな写真だ。

星野《せいや》写真がその中のひとつで、長時間露光によって目で見るより遥かに多くの星が、あたかも降っているように写る。

東の空が白みはじめる早朝や、西の空が漆黒《しっこく》になる直前の大自然も、目で見えているのとは違って写る。フイルムは肉眼で見たよりコントラストが強いので、長時間露光によって巨大な凸《とつ》レンズ形の曙光や、シルエットの山並みが浮かび上がる。この時刻は色やかたちが整理されていて、絶妙なグラデーションが美しい。写真ならではの神秘的な世界であると思う。

星が降る涸沢カール

最近、モノクロ写真が新しく感じられる。時代は急速にデジタルに移っていて、私もデジタルカメラでの撮影が多くなった。しかし、なにか違うような気がしてならない。

そのようなことから、写真の原点に立ち返って、機械式カメラで久しぶりにモノクロ写真をはじめた。昔なつかしいバラ板の印画紙にプリントすると、なんとも言えない静けさと深みが感じられ、気に入っている。

これからは、自然が描くドラマを、モノクロでも多く撮りたいと考えている。

花を訪ねて

植物は受粉できるよう努力している。身を守るために武装している。また、あの手この手で子孫を残そうとしている。そのような植物の名前がひと目で見分けられる、ポケット図鑑をつくった。

植物の不思議

初々しい花、香りのいい花、清らかで美しい花。花を訪ね歩いていると、花からいろんな印象を受ける。花は花粉を媒介してくれる昆虫に自分の在《あ》り処《か》を示しているに違いないのだが、なぜこのように進化できたか、見れば見るほど、知れば知るほど不思議だと思う。

たとえば花の色と香り。美しい色とりどりの花は昆虫の目にとまることを願って、葉が変化したものであるという。小さくて地味な花は、芳香で昆虫を引き寄せる策をとったという。花

花序がレースのようなセリ科の花

の香りはどれひとつとして同じものはないと聞くが、今もよい香りをつくろうと思索しているのだろう。

受粉するための巧みな花のつくりも、興味深い。花柄《かへい》が傘骨状に拡がってたくさんの小さな花をつけるセリ科の花や、小さな一群の花がひとつの花に見えるキク科の花は、訪れた昆虫が花の上を這《は》いまわることで受粉する。ヤマホタルブクロやリンドウなど鐘形の花は、蜜を吸いにやってきたアブやハチなどが花冠の中へ入ることにより、昆虫にくっついた花粉が運ばれる仕組みだ。

植物は昆虫を引き寄せる一方、外敵から身を守るために武装しているものもある。枝などにトゲを持つノイバラやモミジイチゴ、葉にトゲがあるアザミやハリブキなどである。

　毒で武装している植物もある。代表はトリカブトの仲間だろう。花の形が雅楽奏者がかぶる兜《かぶと》に似ていることから優雅な和名が付けられているが、猛毒である。他にも、食べると中毒症状が出て狂乱状態になり走り回るという意味のハシリドコロ、放牧されている牛馬が毒であることを知っていて口にしないことから高原の放牧地で群生している、レンゲツツジやスズランなどである。

ヤマホタルブクロ

トリカブト

ノイバラ

キンミズヒキ

花を訪ね歩いていて、さらに関心を呼びおこされるのは植物の旅立ちである。おいしい果実を鳥や小動物にご馳走して種子を遠くへ運んでもらうノイバラやヒヨドリジョウゴ。種子に冠毛を付けたキクの仲間や、翼をつけたユリの仲間は、風に乗って未知の世界へと旅立っていく。人の服や動物にくっついてヒッチハイクするヌスビトハギやキンミズヒキもある。植物が、なぜこのように進化できたのか、不思議でしかたない。

花の見分け方

花のことは知れば知るほど不思議に包まれていて興味深いが、出会った花が何という花であるのかさえ、調べるのがたいへんである。よく似ている花が、あまりにも多いのだ。私は花を

サワギキョウ

ヤナギトラノオ

ライフワークのひとつにしたときから、撮影した花を図鑑の写真と見比べているが、すぐに同定できないことが多い。

植物図鑑はまず科で分けられ、科はたくさんの属に分けられている。ところが、とても同じ科とは思えない花がたくさんある。

たとえばサクラソウ科のヤナギトラノオ（柳虎の尾）は、小さな花が集まって尻尾の形をしている。キキョウ科のサワギキョウ（沢桔梗）は、左右対称の唇形だ。いずれも他のサクラソウ科やキキョウ科の花とは似ていない。

また、花がよく似ていても科が違うものがある。よく似ている黄色い五弁花のミヤマキンポウゲ（キンポウゲ科）とミヤマダイコンソウ（バラ科）がよい例であろう。そのようなことから、植物を同定するには他の科も調べなければならない。

ミヤマキンポウゲ

ミヤマダイコンソウ

解説を読んでも、同定できないことが多い。理由は、それぞれの植物の特徴を説明していても、よく似ている花の、同じところがどのように違っているのか、書いていないからである。

私が専門家でないからそのようなことを言うのかもしれないが、そこが知りたい。そこが分かれば、よく似た花を容易に見分けることができるのである。

たとえば、高山帯から亜高山帯のセリ科を例にとってみると、花序の周辺部の花がひときわ大きいオオハナウドや、枝が傘の骨の形をしたオオカサモチのように、他の仲間とは明らかに違った特徴がある花は同定できる。

しかし、セリ科の多くは小さな花を数えきれないほどつけた花序がたくさん集まって大きな花序をつくっていて、よく似ている。それぞれ草丈が違っているが、個体に差があるから草丈では同定できない。

そこで、葉の違いをひとつひとつ調べてみた。すると、広い葉、細かく切れ込んだ葉、糸状の葉というように、みんな違っていることに気づいた。先にあげたミヤマキンポウゲとミヤマダイコンソウも、葉の形が違っていることで見分けがつく。

葉で区別がむずかしい植物は、花を調べた。

たとえばシャクナゲの仲間では、花冠が七裂するのはホンシャクナゲ。花冠が五裂して裂片の先がへこむのはアズマシャクナゲ。同じく花冠が五裂であっても、花冠の内側に緑色の斑点があればハクサンシャクナゲ、といった違いで区別できる。

そのようなことをしていて、いつしか、花をひと目で見分けられる図鑑をつくりたいと考えるようになった。

それは、科が違っていてもよく似た花をまとめて並べる。花で見分けることができるのであ

ホンシャクナゲ

アズマシャクナゲ

ハクサンシャクナゲ

れば、花がどのように違うのかそれぞれをイラストで示す。葉で見分けることができるのであれば、葉がどのように違うのかそれぞれをイラストで示す。生態は写真とした。

これはたいへんな作業であったが、イラストレーターである娘の文子《ふみこ》が協力してくれた。持ち歩けることが前提なのでサイズは文庫版とし、『ひと目で見分ける250種高山植物ポケット図鑑』、『ひと目で見分ける320種ハイキングで出会う花ポケット図鑑』（以上、新潮社）の二冊を上梓した。

この図鑑をつくったことが縁で、『週刊 花の百名山』（朝日新聞社）全三〇冊で、花の見分け方の連載依頼があった。花の名前を知りたい、花のことを知りたいとの思いからの結実であり、よかったと思っている。

来し方と行く先

信州に移り住んで二七年、なつかしい人、友であるだけで嬉しい人、多くの友好に恵まれた。仕事の内容は時代とともに推移した。これからも野山を歩き、そこで繰り広げられる自然の息吹を記録して伝えたいと思っている。

人づき合い

「なつかしい人を何人持っていますか。なつかしい人になれますか」『ひと葉ひと言』（浜文子著・立風書房）を読んでいて、私はこの言葉に釘づけになった。心に関わることは自然ばかりで、どちらかといえば人づき合いは疎《おろそ》かにしてきたからである。

人づき合いが得意でないとはいえ、信州に移り住んで、土地の人たちとの関わりは気になった。振り返ってみるとこの四半世紀に、心からの応援を幾度受けたことだろう。懇意になると、信州の人は申し訳ないほど情に厚い。

しかし、土地の人と親しくなったのは、信州へ移り住んですぐではなかった。性急に親しくなろうとしても、それは難しいかもしれない。環境も習慣も違っているのだから、無理に合わせようとすると互いにストレスとなる。考えの違いは、たとえ取るに足りないことであっても、とても気になる。それでは、期待にふくらませた胸がしぼんでしまう。

私の場合は仕事のことで頭がいっぱいであったから、それどころではなかったことが幸いであった。ひたすら自然を歩き撮影していて、いつしか多くの人たちと親しくなっていたのだ。互いに深く心に感じることがあっての友好であるから、少々考えが違ってもストレスに繋がることはなかった。むしろ、深い友情で結ばれている。土地の人との交友は、案ずるより産むが易しだと思う。

「友であるだけで嬉しい」胸の奥までストンと入ってきた『ひと葉ひと言』に書かれてあった言葉だ。そういう人が何人もあることを、ありがたいと思っている。

仕事あれこれ

信州に移り住んで、いちばんの不安は仕事であった。はじめのころは、本をつくるだけの写真がなかったので、雑誌の仕事、花の紀行文、新聞で花のコラム連載、と何でもこなしてきた。現在は写真教室が加わっている。地元の美ヶ原写真教室をはじめ、朝日カルチャーセンター（東京）、毎日写真教室（大阪）の講師をしている。

地元ではじめての仕事はNHK長野放送局であった。昭和六一年四月から六二年の三月まで「信州の山」のタイトルで、その山にふさわしい曲に合わせて、写真とナレーションで山の表情やそこに咲く花などを伝える約五～六分の番組制作である。私は写真と文を担当した。毎週一本つくり、それが五十数回続いたので忙しい思いをしたが、音楽が専門のディレクターであったから、写真と音楽を合わせて構成することを学べた。

信越放送で、女性アナウンサーと毎週花の名所を半年続けて取材した年もあった。平成一一年のことである。ディレクター、カメラマン、録音の人と一緒に取材地に向かう楽しい仕事であった。しかしそのころの私は、雑誌などの仕事をたくさんかかえていたので、その年の早春から秋までの半年間はたいへんであったことが思い出される。

もう一つ信越放送での思い出がある。「滝沢枝里のすてきコレクション」というラジオ番組のレギュラーゲストで、心に響く信州の自然を話したことである。私がいちばん伝えたいことがテーマであったから、打ち合わせの時からときめいた。

今も、NHK長野放送局の仕事は続いている。テレビとラジオで、平成八年から、およそ月一回のペースで、その時期の信州で見つけた、あまり人が気づかない自然について話している。本来の写真撮影から離れているようだが、テレビやラジオは常に新しいテーマ、新しい視点が求められるので、結果的に、私が本をつくるにあたっての、とてもよい勉強になっている。

特にラジオは、映像がないだけに、聴取者が聞いていて内容が目に浮かぶように話さなければならないので、その経験が文章を書くときの勉強になっているのである。いつも拙《つたな》い話し方しかできないが、そのことだけは心掛けている。

本職の仕事は、一般書だけでなく、一〇年前から子どもの本に力をいれてきた。これまでに、福音館のたくさんのふしぎシリーズで『水のかたち』『どこでも花が……』、おおきなポケットシリーズで『みつけたよ! 秋の林で』『やさいの花くだものの花』などを出版した。岩波ジュニア新書では『信州――自然と学びのガイド』を出版した。このことが縁で、小学校、

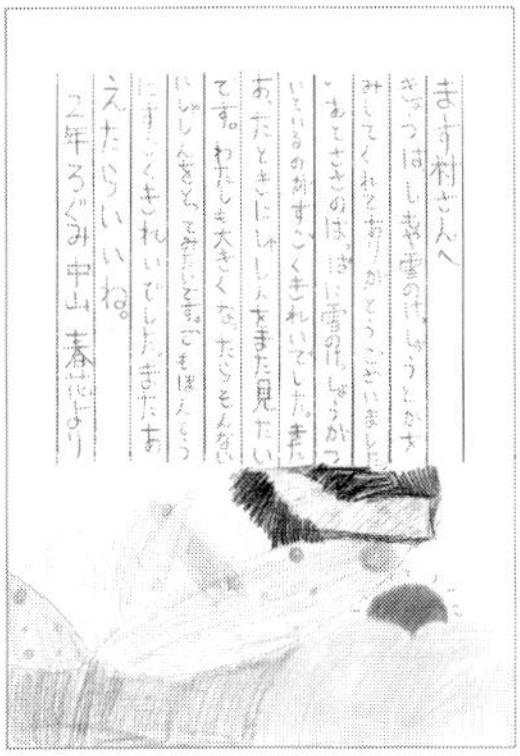
ますむら[illegible]さんへ
きょうはしもや雪のけっしょうとかを
みせてくれてありがとうございました。
[illegible]雪のけっしょうが
[illegible]すごくきれいでした。また
あったときにけっしょうをまた見たい
です。わたしも大きくなったらそんな
[illegible]
にすごくきれいでした。また[illegible]
えたらいいね。
2年3ぐみ中山[illegible]より

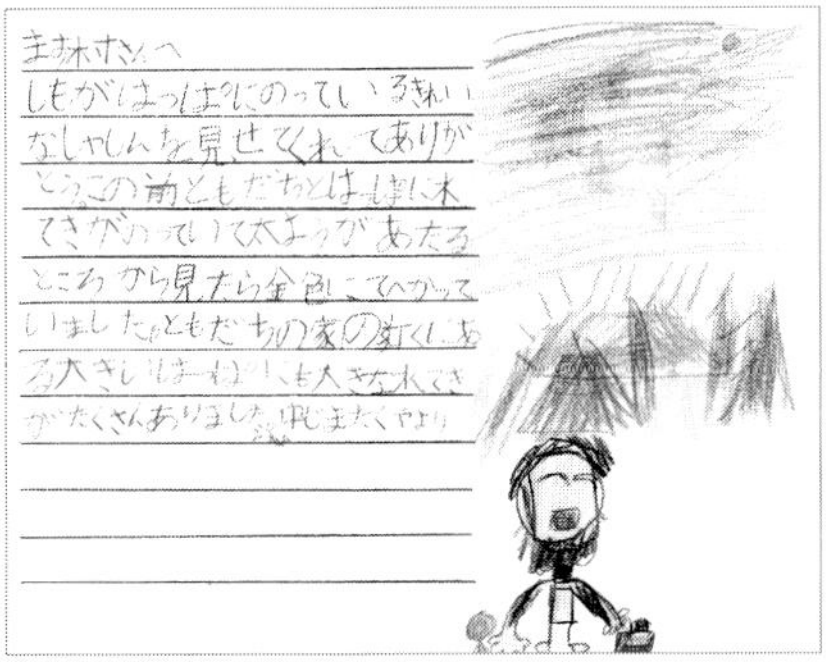
ますむらさんへ
しもがはっぱにのっているきれい
なしゃしんを見せてくれてありが
とう。この前ともだちとは[illegible]に木
てきがかかっていて太ようがあたる
ところから見たら金色にてかって
いました。ともだちの家の近くにあ
る大きいはっぱにも大きな水てき
がたくさんありました。中じまたくやより

中学校でワークショップの機会を得た。

そのなかで、隣村の松川小学校二年生との体験が思い出深い。「水のかたち」をテーマに、毎日飲んでいる水、手を洗っている水が、雨、霧、露、霜柱、霜の結晶、霧氷《むひょう》、氷、雪の結晶、雨氷と形を変えてゆく写真を映写しながら、その不思議を話したのであるが、子どもたちの反応が嬉しかった。

クローズアップした草露や雪の結晶に目をかがやかせ、喚声がわき上がったのだ。

ワークショップから二週間ほど経って、子どもたち全員から絵と手紙が届いたときは、さらに嬉しかった。

A4サイズの画用紙に、心のおもむくままの子どもらしい絵が描かれていた。水滴が宝石のようだったとか、あれから虫メガネで草露を見ているなどと書かれていた。子どもたちに、とても感謝している。

振り返ってみるとこの四半世紀、チャンスをもらえば、なんであっても懸命に取り組んできた。もし最初からもう一度と言われたら、たいへんであったことが思い出され、考え込んでしまう。だが、面白かったことも事実である。

今でもときおり、よくこんな寒いところへ来たものだと言われる。しかし、それは見当違いである。奥山にひっそりと咲き人知れず散ってゆく可憐な花から遠ざかることはできない。あの雄々しい山が見渡せるこの地から離れるなど、考えも及ばない。確固たる自信があって仕事をしているのではないが、カメラを背負って野山を歩けることを幸せに思っている。初心を忘れず、仕事を続けたいと思っている。

おわりに

信州に移り住んで四半世紀が過ぎました。仕事で東京へ、また海辺の花の取材へ、と出かけることがありますが、それ以外のほとんどは信州で撮影しています。

しかし、まだ信州の一部分しか分らない、見ていない、と言えるでしょう。それほどまでに信州の自然、とりわけ山岳一帯は、懐が深いのです。見て歩けば見て歩くほど、知れば知るほど、そう感じられます。一生かかっても、そのすべてを見て歩くことは到底できないと思っています。

とはいえ、野山を歩けば、足元の小さな自然のドラマに目を見張ることがたびたびあります。推し量ることさえなかった、神秘的な自然現象に出会えます。

最近では、この冬の一月一七日にありました。青空に映える見事な霧氷を撮影していると き、空は晴天であるにもかかわらず、雪が降ってきたのです。(口絵写真二ページ)。風花です。風花は今までに幾度も経験していますが、これほど美しい景色で、風花を見たのは初めてでした。

このように、いつどのような情景に出会えるか分らない自然のことを「自然はアーチスト」「風の色」に綴《つづ》りました。

ライフワークのひとつである野草の花は、主に「花の城邑《じょうゆう》」「山を越えて」にちりばめました。厳しい自然環境で生きてゆく植物の美しさに導かれ、ただもう夢中で訪ね歩いた日々の出来事です。

不安であった日々のこと。思うように花を撮影できるよう、カメラ作りに明け暮れたこと。先達に導かれ、また信州の自然に導かれ、何とか志を得ることができたことは、「来し方」に綴りました。

私がやってきたことは、なんだか時代とちぐはぐなことばかりであったように思えます。でも、そのとき、そのときは、懸命で大真面目でした。

嬉しいな、と最近感じることは、年を重ねるごとに、いっそう自然の息遣いが目に飛び込んでくるようになったことです。また、本にまとめたいなと感じることが、増えていることです。これからも、自然の〝ことのは〟を私なりの息遣いで、より多くの人にお伝えしたいと願っています。

本書に述べてきましたように、私の仕事は日々ささやかなことではありますが、エッセーを書くよう講談社生活文化局の丸木明博局長、編集の早川真氏、庄山陽子氏に勧められました。心から感謝いたします。

二〇〇八年二月

増村 征夫

〔著者略歴〕

増村征夫（ますむら・ゆくお）

一九四四年大分県に生まれる。自然写真家。一九八一年、北アルプス山麓の安曇野に移住。以後、中部山岳や信州を中心に、花や自然を撮影し続けて今日に至る。第一一回NHK地域放送文化賞受賞。日本写真家協会会員。

写真集には『花の王国』（新潮社）、『星の降る里』（小学館）、著書には『信州の花と美術館』（小学館）、『信州花めぐりの旅』『信州 自然と学びのガイド』（以上、岩波書店）、『信州 花の旅』『安曇野 花の旅』『信州で出会いたい花50選』『ひと目で見分ける250種高山植物ポケット図鑑』『ひと目で見分ける320種ハイキングで出会う花ポケット図鑑』（以上、新潮社）、『安曇野一日の花歩き野歩き』（講談社+α新書）などがある。

五感《ごかん》で発見《はっけん》した「秘密《ひみつ》の信州《しんしゅう》」

二〇〇八年四月四日　第一刷発行

著者——増村征夫《ますむらゆくお》

装幀——鈴木成一デザイン室

発行者——野間佐和子　**発行所**——株式会社講談社

東京都文京区音羽二丁目一二—二一　郵便番号一一二—八〇〇一

電話　編集〇三—五三九五—三五三〇　販売〇三—五三九五—三六二二　業務〇三—五三九五—三六一五

本文データ制作——朝日メディアインターナショナル株式会社

印刷所——慶昌堂印刷株式会社　**製本所**——大口製本印刷株式会社

落丁本・乱丁本は購入書店名を明記のうえ、小社業務部あてにお送りください。送料小社負担にてお取り替えいたします。なお、この本の内容についてのお問い合わせは生活文化第三出版部あてにお願いいたします。

ISBN978-4-06-214573-2

定価はカバーに表示してあります。

朝日岳
JR大糸線
白馬岳
国道148
白馬駅
劔岳
立山
黒部湖
弥陀ヶ原
信濃大町駅
国道19
国道147
高天原
雲の平
穂高駅
安曇野
槍ヶ岳
豊科IC
涸沢カール
穂高連峰
松本IC
松本駅
上高地
長野自動車道
北アルプスと安曇野